내가 이 길을
가는 것은

• 이 책은 《내가 이 길을 가는 것은》(풀빛목회, 2004 초판, 2005 재판)의 개정증보판입니다.

내가 이 길을 가는 것은

김유심 지음

홍정사

하나님이여

내가 늙어 백수가 될 때에도 나를 버리지 마시며

내가 주의 힘을 후대에 전하고

주의 능을 장래의 모든 사람에게 전하기까지

나를 버리지 마소서

시편 71:18

머리말

내가 지금 이 길을 가는 것은
앞서간 이들이
풍치 좋고 경관 좋더라고
일러주었기 때문이 아닙니다
오곡백과 풍성한 낙원이더라고
귀띔해주어서가 아닙니다

평화로운 들판에 눈부시게 쏟아지는 하늘 햇살
온갖 산새 들새 우짖는 골짜기의 무성한 숲
시리도록 맑은 생수와 달큰한 공기-
어째서 이곳이 이리 인적이 드문지
나는 그걸 이해할 수가 없습니다
아, 광란의 춤과 취하게 하는 술은 없습니다
제멋대로 쌩쌩 달릴 수 있는 찻길이 없습니다
그렇다고 그것이 과연 그 이유일 수 있는지!
사랑하는 사람아, 와보라
함께 가자-고

안타까이 매달려보지만
선뜻 따라나서는 이가 없습니다
왜? 왜?……

내가 지금 이 길을 가는 것은
오지 않는 저들에게 들려줄
많은 얘깃거리를 찾아서입니다
혼자이기에 더욱 외롭고 힘겨운 싸움이
어떻게 새 힘으로, 기쁨으로 솟는지
그 불가사의한 조화를
정녕 난 저들에게 들려주게 될 것입니다

아니, 그냥 정직하게 고백하건대
나는 천하에 욕심쟁이
내가 이 길을 가는 것은
이 길 끝자락에
세상의 그 무엇으로도 바꿀 수 없는
아름다운, 너무도 아름다운
영원한 생명이 있다고 들었기 때문입니다

2020년 6월

김윤식

차례

2부 너 좋은 날 남도 좀 좋자

3부 끝까지 최선을

1

무엇을 자랑할 것인가

아! 그리운 금강산

　나는 내가 다른 그 어디도 아닌 우리 시골 마을에서 태어난 것을 몹시 감사하고 있다.

　나는 시골에서 쓰던 말은 당연히 사투리거니 싶어 사전을 찾아보면 아닐 때가 훨씬 많았다. 우리 전라도 말이 악센트가 좀 촌스러워 그렇지 어휘가 무척 풍부해 감탄한다.

　내가 시방 내 고향을 자랑하고 싶어진 것은 일단 사람들이 순박하고 정스러우며 무엇보다 늘 마음이 밝다는 점이다. 낮에 내내 일을 하고 고단할 텐데도 우리 집 사랑방에선 언제나 일꾼들의 웃음소리가 끊이지 않았다.

　나는 사람은 어떤 형태로든 사람을 즐겁게 해주는 것이 선무(先務)라고 생각하는 사람이다. 그러니까 우리 고향 사람들은 자동적으로 모두들 그렇게 좋은 일을 하고 사는 사람들이란 말이 되겠다.

남들은 별 재미가 없을는지 모르지만 나는 가끔 그 일을 생각하면 지금도 번번이 웃음이 터지곤 하는데 나 어렸을 때 우리 올케는 여간 입담이 좋은 게 아니었다. 때로 어머니와 오빠가 진저리를 낼 만큼 말이 좋기로 소문이 났었다. 그러니 그런 기막힌 일이 생길 만도 했지. 또 하루 종일 입에 줄담배를 물고 사는 내 친구 오빠가 있었다.

어느 날 동각(마을 회관)에서 젊은이들의 내기 판이 벌어졌다. 내용인즉슨, 시방 문천댁(올케) 말하고 있겠냐 아니냐, 천호 양반 입에 담배 물고 있겠냐 아니냐를 양편으로 가르고 당장 누가 자전거 타고 가서 두 집엘 다녀오라는 것이었다.

처음 그 말을 전해들은 나는 허리가 휘도록 웃어댔다. 내 일생에 그렇듯 재미있는 퀴즈는 그 이후로도 아직 들어본 적이 없다. 젊은이들의 그 위트가 얼마나 귀여운가!

동네 물 탓인지 나도 다분히 그쪽 유(類)에 속한 편이다. 평소 그리 상냥한 편은 못 되지만 내겐 늘 개그가 몸에 배어 있다. 내 책 구석구석엔 곧잘 해학적인 문투가 들락거린다.

또 나는 무엇이나 내 앞을 그냥 스쳐 지나가게 하질 않는다. 작게든 크게든 반드시 거기서 의미(하나님의 뜻)를 찾으려 한다. 그것은 거의 체질적, 습관적으로 순간에 이루어진다. 다시 말해 한마디로 무엇에나 관심이 많다는 말이 되겠다.

나는 어렸을 때부터 뜬금없이 아무한테나 생각나는 대로 동네 사람들의 형편 사정을 묻곤 했다. 아마 얼핏 이해하기 힘들 것이다. 글쎄, 그것이 무슨 필요나 목적에서가 아니라 공연한 관심이기에 나도 알 수 없는 노릇이었다.

그러면 어머니는, 아아니 그래, 넌 턱 받치고 앉아서 뭐가 그리도 궁금한 게 많냐며 어이없어하셨다. 내 하는 짓은, 마치 거지가 엄동설한에 언덕 밑에 쭈그리고 앉아서 안마을 김 서방네 불 못 때고 잘 헛걱정하고 있는 꼴이란다.

'와! 멋있어라. 얻다 써먹어야지.'

어머니 말은 늘 깜짝깜짝 놀래키는 명언이 많았다. 그러게! 주제에 뭐가 그리도 궁금한 오지랖이었을까? 그러나 돌아보면 그것은 어쩌면 지금껏 나의 장점이자 단점이요, 단점이자 장점인지도 모른다. 하나님은 그렇듯 일찍이 나를 인도자로 양육하고 계셨다는 데 무한 감사할 따름이다.

재미있는 이야기 하나 더.

여학교 때 나는 집에서 등록금을 타낼 때면 꼭 액수를 배(倍)로 불렀다. 그야 등록금은 무조건이지만 용돈은 심의(?) 과정이 좀 복잡하니까. 당시엔 '장학금'이란 제도는커녕 단어조차 모를 때였다. 학교는 내 것 있으면 가고 없으면 못 가는 거다. 아니나 다를까.

"아따, 뭔 놈의 월사금이 그렇게 비싸다냐. 가서 선상한테 쪼깐 깎자고 해라. 도시 부자들하고 촌에서 농사짓는 사람하고 으떻게 같이 받는다냐."

와아! 나는 그때 우리 어머니가, 그렇듯 합리적인 분이신 줄 처음 알았다.

"그러게 말입니다."

울컥! 어머니가 너무 안쓰러워서 지당하시다고 금세 동의하고 만다.

에이! 용돈 타낼 궁리는 나중으로 미루고 내가 한번 깎아보겠다고 흔쾌히 맞장구친다.

댕강! 반토막으로 동강을 낸다. 까짓것, 내가 붙였는데 얼마든지 깎지 뭐.

어머니는 기분이 좋으시다. 그것을 내가 능히 해낼 거라 철석같이 믿어버리시는 것이다. 딸이 그리 똑똑하거든. (웃음)

오늘의 나의 고난은 그동안 자주 어머니를 속였던 죗값일라, 정녕.

나의 신소리, 쉰 소리가 따지고 보면 다 동네 물 탓이라고 나는 지금 말하고 있다.

아아- 그리워라, 내 고향 그 시절…….

바보 예찬

흔히 바보처럼 착하다고들 말한다. 그러니까 뭔가. 본래 바보는 착하다는 말인가, 아니면 착한 건 다 바보라는 말인가.

우리 고장 시골 마을은 동네가 꽤 커서 동쪽 서쪽이 우물을 따로 사용하고 있었다. 우리 집이 있는 서쪽만 해도 저 뒤, 산 밑에서 아래 끝까지 한참이었고 마을 아래 끝에서도 또 한참 떨어져서 논 가운데에 샘이 있었다. 당시엔 모두 물동이로 물을 길어다 먹었다.

저 뒤 끝 산 바로 밑에 착한 아주머니가 살고 있었다. 뭘 해야 하는데, 마침 식수가 떨어졌던 모양이다. 샘까지는 한참이니 급한 김에 옆집에 가서 물 한 바가지를 얻어갔는데, 며칠 후 두 여인이 우물에서 만났다. 착한 아주머니가 물 한 바가지를 퍼서 옆집 아주머니 물동이에 부으며 그날 꾼 물 갚는 거라 했다.

아마 지금 당신의 입이 옆으로 길게 찢어졌을 것 - 왜 사람들은 이럴 때 웃음이 나와야 하는 걸까? 나는 사람들의 그런 점이 도무지 못마땅한 것이다. 그래, 그 착한 아주머니의 행동은 안 해도 될 바보짓이란 말이렷다. 구태여 꼭 갚아야 할 거라면 정확히 집에서 갚았어야 했다고?

그것은 따지기에 능한 당신 같은 사람의 셈법이요, 착한 아주머니는 그저 남의 것을 빌렸으니 그렇게라도 본 김에 어서 갚아야 한다는 오직 그 일념뿐이었던 것이다.

자, 묻자. 남의 것을 빌렸으니 어떻게든 반드시 갚아야 한다고 생각하는 사람이 바보인가, 저 편할 대로만 사는 사람이 바보인가.

나는 나의 책마다 꼭 빠뜨리지 않는 단골 메뉴가 있는데 바로 이 '바보 예찬'이다. 사람들의 영악함에 그만 질려서일까? 나는 설사 의학적인 바보라도 바보를 보면 왠지 기분이 좋아진다. 나도 모르게 활짝 웃어준다. 참으로 나는 그런 스스로의 심리 상태를 도통 이해할 수가 없다. 어쨌거나 한 가지 분명한 사실은 내가 바보를 무척 사랑한다는 것이다. 더욱이 '바보스런' 사람한텐 아주 껌뻑 넘어간다. 나는 나의 그 약점 때문에 번번이 당한다. 놀랍게도 나의 그 점을 교묘하게 이용하는 사람도 있더란 말이다.

사람들은 편하게, 친절히 대해주면 대부분이 사람을 만만하게 본다. 그리고 한껏 저만 잘났다. 특히 처음 알게 되거나 누구에게 소개받았을 때가 더욱 그렇다. 정말 인간은 미련하기 그지없는 동물이다. 언제 봤다고 뭘 근거로 사람을 함부로 단정한단 말인가. 사람을 외모로 판단하지 말라는 말씀이 귀에 못이 박혔으련만 믿는다는 사람도 예외는 아니다.

자, 심심하니 내가 일을 벌인다. 나는 그럴 땐 재미있어라, 부러 더 내려간다. 박자까지 맞춰주니 상대는 기고만장하여 있는 대로 밑천을 다 내놓는다. 가관이다. 그런데 좀 식상하다. 나를 너무 우습게 여기는 것 같아서다.

그가 한창 진이 빠졌다 싶을 때 나는 표정을 바꾼다. 내가 그리 만만한 사람이 아니라는 모션을 은근슬쩍 띄워본다. 그는 곧 당황한다. 바삐 나에 대한 정보를 수집하는 모양이다. 그러나 워낙 밑천을 드러냈기 때문에 수습하기엔 이미 늦었다. 당연히 내가 판정승이다.

그런데 문제는 그다음이다. 나는 이내 후회한다. 나는 왜 끝내 그냥 바보로 남아줄 수는 없었던가. 무엇 때문에 굳이 바보가 아니란 걸 보여줬어야 했단 말인가. 이리되면 내가 그와 다른 게 뭐람. 아! 드럽게 찜찜하고 씁쓸하다.

난 아직 멀었다.
한참 멀었다.
그러기에 난 바보가 그리 좋은 것이다.
언제쯤 나도 거기에 이를까?

풋콩 한 종지기의 역사(役事)

말 한마디로 천 냥 빚을 갚는다는 말이 있다. 어림없는 만부당한 논리 같으면서도 그러나 너무 흔히, 쉽게 인용되는 금언으로 누구나 굳게 신봉하고 있는 것 또한 사실이다. 인간은 컴퓨터보다 더 정교한 기능성 존재이면서도 그러나 또한 그렇듯 전혀 가닥 지을 수 없는 황무한 벌판 같은 존재이기도 한 것이다.

사람을 변화시키는 것은 힘도 재주도 아닌 사랑뿐이란 걸 새삼 절감하며 나는 오늘 여기 나의 치부를 공개할까 한다.

우리 부부는 지역은 다르지만 같은 농촌 출신이다. 똑같이 농사를 지어 먹고사는데도 양가의 문화가 너무 다른 데 나는 우선 어리둥절했다.

어깨너머로 관상을 배웠다는 어느 분이 언젠가 나더러 장남 며느리냐고 물었다. 아니라고 했더니 두고 보라며 틀림없다고 장담까지 하는 것이었다.

'두고 보긴- 벌써 맞혔구면.'

나는 내심 쓸쓸한 감탄을 하고 있었다.

'그러니까 다 내 팔자란 말이지, 흥!'

그 얘기 하자는 게 아니지만 어쩌다가 내가 대뜸 콧방귀를 퉁기며 메마른 검불처럼 물기라곤 없는 몰골이 되어버렸는지 대충은 알아야 이 사건을 이해하는 데 도움이 될 듯싶어 설명을 하자면, 나는 5남매 중 차남 며느리로 한 가문에 들어갔다. 글쎄, 장남 며느리 정도에서만 그쳤더라도 조금은 우아한 폼을 유지할 수도 있었으련만 현실은 너무 숨이 찼다. 결국 5남매의 가장인 셈이었으니까.

자, 이 스토리는 이쯤에서 접기로 하고, 양가풍이 판이한 가운데에도 공통점이 있다면 희한하게도 양쪽이 모두 일방통행이라는 점이었다. 한쪽은 오기만 하고 한쪽은 가기만 하는 것이다. 같은 농가이니 피차 살림의 형편 따라 분량은 비례하더라도 메뉴는 같아야 하지 않겠냐는 산술을 하고 있었던 철부지 나로선 참으로 난해한 대목이었다. 그것도 어느 정도지, 남편은 뻔질나게 본가를 드나들었지만 항상 내 눈에 보이는 건 구지레한 빨래가방뿐이었다. 어쩌다 호박이나 푸성귀를 들고 오는 경우가 있었지만 그 품새가 더욱 내 역정을 돋우었다. 차라리 그냥 말 것이지 그걸 준다고 들고 오는 산 같은 남편의 덩치가 더 얄밉기만 했다.

어느 날 본가에 다녀온 남편이 뭔가 돌돌 말린 노란 각봉투를 내 앞에 불쑥 내밀었다.

"뭐래요?"

"몰라, 콩이라던가."

'그러면 그렇지.'

나는 어이없는 쓴웃음으로 마지못해 받아 적당히 한 구석으로 밀쳐놨다. (독자는 지금 나의 이 천박한 작태에 마땅히 분노와 모멸을 보내야 한다. 설사 내게 제아무리 합당한 이유가 그럴싸하더라도 그것이 바로 에누리 없는 내 인격의 현주소였으니까.)

그리고 며칠이 지났다. 구석에 뭔가 눈에 선 물건이 있었다.

"이게 뭐지?"

돌돌 말린 노란 각봉투를 풀어 보았다. 아귀는 열었지만 저 밑에 뭐가 있는지 봉투 양쪽이 착 달라붙어 있어서 잘 보이지 않았다. 두 손으로 봉투 한쪽씩을 잡고 힘주어 쫙- 열었더니….

"오- 하나님, 예수님!!……"

머리가 핑 돌며 덜컥, 심장이 뚝 떨어져 내려앉는 것 같았다. 눈앞이 캄캄했다.

나는 끈끈한 실 줄기로 범벅이 된 봉투 속에 얼굴을 처박았다.

"잘못했습니다. 잘못했습니다. 제가 나쁜 ×입니다. 제가 나쁜 ×이에요……."

왈칵 쏟아지기 시작한 눈물은 걷잡을 수 없어졌다.

"없으니까 못 주지. 쌓아두고 자식 주고 싶지 않은 부모가 세상에 어디 있다고…… 건방진 것…… 오만방자한 것…….”

나는 끄억끄억 하며 가슴을 마구 쥐어뜯고 있었다. 어떻게든 자식에게 한 톨이라도 더 먹이려고 풋콩을 까다가 떨어진 걸 주워 담는 시어머님 모습이 환상처럼 보이는 것이었다.

“오- 내가 이 죄를 어찌 다 받으리오…….”

지금껏 내가 그때처럼 많이 울어본 적이 언제 또 있었던가.

그 후, 정말 신비하게도, 아무리 힘이 들어도 시어머님에 대한 나의 원망이나 불평은 거짓말처럼 깨끗이 지워져버렸다.

“너를 효부상을 줘야 하는데, 네가 서울에 있어서 그렇다.”

물론 다분히 정치적(?) 발언이시지만 나는 그만큼 시어머님의 이해와 사랑을 받았었다.

위대하여라. 성령의 역사가 아니고서야 어떻게 이런 일이 가능하겠는가.

지금도 그 풋콩 사건은 생각할 때마다 어김없이 매번 내 눈에 눈물 고이게 한다.

인왕산 그늘이 강동 팔십 리

"인왕산 그늘이 강동 팔십 리." 내가 어렸을 때부터 어머니로부터 어지간히 들어온 말이다. 글쎄, 어떻게 해서 '수양산'이 '인왕산'으로 둔갑했는지 그 내력은 알 바 없었으나 그것도 꼭 "은왕산 그늘이 강동 팔십 리"라 하셨다. 누가 은혜를 모르거나 몰염치할 때, 또 그 부모를 칭송할 때 어김없이 나온다. 그 그늘이 얼만데 저만 잘나서 건방 떤다고 못마땅하셨는지, 어쩌면 우리에게 부모 그늘 소중함을 일깨우고 싶으셨을까?

나는 살면서 이따금 내게 그늘을 드리워주신 분들을 생각하게 된다. 그는 친구일 수도 또 어떤 분이기도 하다. 그런데 가슴 아픈 건 내가 사람에게 꽤 관심이 많은 편인데도 정작 내게 그늘 되어 주셨던 분에겐 너무 소홀했던 게 아닌가 한(恨)으로 남아 있다. 왜 미련 떨었을까. 돌이킬 수 없는 회한으로 가슴을 찧는다. 쓸데없는 데 오지랖 떨 게 아니라 그쪽 먼저 살폈어야 했다. 아무리 후회한들 더 속만 상할 뿐이다.

나는 자신이 그리 뻔순이었는지 싶어 정말 견딜 수 없다.

사람은 누구나, 언제고, 뙤약볕에선 어느 그늘엔가로 기어들게 마련이다. 요나의 박 넝쿨은 물론 하나님께서 예비하셨지만, 알고 보면 모두 하나님의 예비하심이 아닌 것이 없다. 지내놓고 보면 어찌 그렇듯 때마다 일마다 그늘이 있었을까. 실로 신묘막측하지 않을 수 없다. 하나님이 없다고 하는 사람들은 그것을 그냥 요행이었다고 여기고 만다. 그래, 어쩌다 용케 그러려니까 그리됐을까? 그러나 우리는 결코 그렇게 생각하지 않는다. 하나님이 이전에 이미 나를 위해 예비하셨다고 믿는 것이다. (여기서 말하는 그늘이란 비단 뙤약볕만을 말하고 있지 않음은 물론이다.)

문득 나는 그렇듯 숱한 그늘에서 피했으면서 지난 내 인생에서 내가 과연 잠시 잠깐이라도 누구에게 작은 그늘이라도 되어준 적이 있었던가 더듬어본다.

후우… 그래도 염치에 얼굴이 화끈거린다. 얼른 찬물로 세수나 해야겠다. (웃음)

나는 권사 임직을 받은 이후 오랜 세월 이상하게 한결같은 기도 제목이 있었다. 후덕한 권사가 되겠다고… 아니, 꼭 그렇게 되도록 도와주십사고 입버릇처럼 기도했다. 후덕? 그런데 생각해보니 우선 가냘픈 내 몸뚱이부터가 아니었고 예민한 성격이 또한 그랬다. 합리적이고 매사 명분 없이는 한 발자국도 옴짝 못 하는 사람이 어림 반푼도 없다고 도리질을 한다. 그런데 알다가도 모를 것은 오랜 세월이 지난 지금도 내 소망은 변치 않고 있다는 것이다. 그래, 무슨 놈의 꿈이 평생을 두고 식을 줄도 빛바랠 줄도 모른단 말인가. 나는 진정 끝내 후덕한 권사로 남고 싶다. 후덕이란 게 꼭 무슨 살집 좋고 무던한 성격을 이름이 아니잖은가. 이제 제 한 몸 가누기도 버거운 노구가 되었지만, 이제라도 부디 내 그늘에 좀 여러 사람을 품었으면 얼마나 좋을까 거듭거듭 소망하고 앙망한다.

또 뚱딴지같은 생각이 줄을 잇는다. 오늘 세상이 이리 각박한 것은 물론 그늘에 쉬어간 자가 감사를 몰라서이기도 하지만 시방 그늘이 되어주고 있는 자가 너무 시끄러워서가 아닐까고. 누구는 앉으면 제가 그동안 아무개에게 이리저리 잘해줬다고 노래를 부른다. 또 누구는 소싯적에 새알 꼽재기만큼 베푼 걸 아예 치부책 들고 따라다니면서 아무 때 암만이 암만이 했다고 사람을 아주 질리게 한다. 빚을 준 것도 아니면서 곁에서 보기에 좀 심하다는 느낌이다. 그런데 나의 그늘이 되어주셨던 분들은 무심한 내가 많이 서운하셨을 텐데도 하나같이 끝까지 전혀 아무 말이 없더라는 것이다. 그리고 나를 늘 한결같이 선대해주셨다. 나는 새삼 진리를 발견한 듯 아, 바로 그래서 '그늘'이라고 지금 정의한다.

수양산은 결코 제 그늘에 뛰어든 자의 자격을 따지지 않는다. 몇 번, 얼마 동안이라고 조건도 생색도 없다. 강동 팔십 리면 어떻고 팔백 리면 더 좋다.

　그래서 참그늘인 것이다.

　엄밀한 의미에서 보은(報恩)이란 하나를 주면 꼭 하나를 갚아야 하는 것이 아니다. 그것은 자칫 거래일 수 있다. 그러니까 참그늘은 뜨거움을 잠시 덮어주는 것이 아니라 그 인생을 품어주는 것 아닐까.

숙습이 난방

"熟習難防"

나도 눈이 휘둥그레지는 어려운 단어다. 하물며 한글 전용자들에게랴.

그런데 이 말은 내가 한글도 모르던 어렸을 때부터 우리 어머니가 두고 쓰시던 십팔번 문자요, 아! 지겨운 나의 회초리(?)이기도 했다.

우리 동네 사람들은 퍽 익살스럽고 정겨운 사람들이었다고 나는 나의 책 여러 곳에서 소개한 바 있다.

다시 말해, 그러니 말이 얼마든지 점잖지 못할 수도 있다는 말이 된다. 같은 말이라도 그냥 순하고 올곧게 하지 않고, 있는 대로 비틀어 재미스럽게 짐짓 강한 표현을 동원한다.

그래서 들은 말 중에 재미있는 말을 내가 되뇌면 어머니는 꼭 지정곡을 부르셨다.

"그렇게 아무 말이나 따라 하면 못쓴다 했제."

숙습이 난방이라고 불쑥불쑥 버릇이 된다는 것이다.

어머니는 배우지 못하신 분인데도 그 말의 뜻을 정확히 알고 계셨다. 나는 그것이 신기했다. 하긴 말이란 누구나 따라하면 뜻도 소통되게 마련이니까.

만약에 어머니가 뭘 거푸 지적하셨다 하면, 어김없이 아버지가 "헴! 유심아!" 하고 부르셨다.

바로 곁에서 굳이 무게를 실어 부르실 게 뭔가. 이것은 수순이다. 나는 "예-" 하고 벌떡 일어나 벽에 걸려 있는 회초리를 내려 아버지께 갖다 바치고 종아리를 걷고 돌아선다.

"잘못했어요."

"뭘?"

"다시는 그런 말 안 할게요."

"엉, 그래. 안 하면 되제."

대개의 경우 한두 대 맞지만, 어떨 땐 (엄살 부리면) 그냥 통과하기도 했다.

사람들이 흔히 잘 쓰는 말도 아니지만 "숙습이 난방"은 커가면서도 문득문득 내 머릿속에서 꿈틀거렸다. 한문 글자가 한 자 한 자 머릿속에 쌓여가면서 나는 단어를 만들어보았다. 버릇이 익으면 자연히 '亂放' 되고 말 것에 대한 염려일 거라고 생각했다. 썩 대견한 짜맞춤이었다.

나도 참 어지간하지. 나는 어른이 되어서야 비로소 그 단어를 사전에서 찾아보았다.

"숙습난방(熟習難防): 몸에 밴 습관은 고치기 어려움"이라 나와 있다.

그런데 오호통재라! 드디어 부모님의 그 각별하신 훈육을 무위로 돌려버린 기막힌 사태가 벌어지고야 만 것이다. 세상에 이럴 수가…… 이럴 수가……!

그러니까 나의 졸작 3집이 출간되고 한참 후의 일이었다. 나는 독자가 이것을 읽으면서 어떤 기분이 될까 싶어 가끔 내 책을 뒤적여보는 취미가 있다. 꼭 남의 글을 읽듯이 재미나게 읽는다. 그러던 어느 날,

"어머머머…… 이게 뭐야, 이게 뭐야아!"

나는 갑자기 악을 쓰며 뜨거운 얼굴을 감싸 쥐고 방방 뛰었다.

"도대체 편집실은 원고를 읽어보기라도 한 거야, 만 거야……?"

그것 하나 막아주지 못했다고 불똥이 엉뚱한 데로 튄다.

"흥! 원고에 손도 못 대게 한 게 누군데. 쌤통이다! 가만있으면 중간이나 가지. 주제에 무슨 글이랍시고 ×망신이라니……."

나는 흡사 실성한 사람 같았다.

"내 그럴 줄 알았지" 하시는 부모님의 얼굴이 떠오른다.

"안 돼. 안 돼!"

나는 그냥 펑펑 울었다. 그것 말고는 따로 할 것도 없었다. 정말

알 수 없는 노릇이었다. 교정도 썩 꼼꼼히 본다고 보았거늘…….

부끄럽게도 나는 나를 고발하지 않을 수 없다.

문제의 본문은 이것이다.

> 내 아는 누구는 병든 노모를 골방에 처박아놓고
>
> 봉사한답시고 날마다 집을 비운다.

이 정도는 요즘 노인들이 앉으면 마뜩잖은 며느리들 얄미워라 오금 박는 말로 흔히들 하는 말이다. 물론 어문법상의 하자는 없다. 그러나 이건 엄연히 통념상 하대어(下待語)요 또 서술인 데야. 그야말로 숙습이 '亂放' 된 것이다. 글쎄, '難防' 정도만 됐더라도 얼마나 고마울꼬! 우리 아버지가 아셨으면 영락없는 회초리감이다.

나는 결국 처박아놓고라는 단 한 단어를 지우기 위해 책을 다시 찍기로 했다. 그렇다고 있었던 일이 없어지는 것도 만회되는 것도 아니지만 수습하는 성의라도 보이는 것이 부모님에 대한 도리이지 싶어서다.

"죄송합니다, 아버님, 어머님! 대단하게 기대하셨던 당신의 딸은 고작 이 정도밖에 아니었습니다."

나 때문에 아파하시는 부모님의 모습을 기억하고 있는데, 설마?

다시는 같은 실수를 되풀이하지 않기를 빌고 빌 따름이다.

아는 것이 병인가 힘인가

침대에서 부스스 일어나는 중학생 동생.

형: 어이구, 일어나셨어? 너도 훠언하다 훤ー해.

　빨리 가 세수나 하고 와!

　무거운 궁둥이를 일으켜 동생은 화장실로 향한다.

형: 허! 그래도 형 말이라면 순순하니 거 대견하다니까.

(사이)

여전히 부스스한 그대로 동생 다시 등장.

형: 아니 넌 거기까지 들어가 놓고 고작 볼일만 보고 나왔단 말

　이야?

동생: 형은 그… 사람 믿지 못하는 버릇 좀 고칠 수 없어?

형: 뭐어? 짜식이…… 그동안 형한테 고분고분해서 귀엽다 봐
  줬더니만, 이젠 막 기어올라?

동생: 여전히 너무 순종 잘 해서 걱정이지.

형: 임마! 그게 세수한 얼굴이야?

동생: 그러엄! 자 봐! 분명 손 깨끗이 씻었잖아!

형: 이 무식한 놈, 세수하랬지 누가 손만 씻으랬어?

동생: 정말 무식이 씨, 손 씻는 게 세수지 그럼 발 씻는 게 세수
  야?

형: 뭐라고?

동생: 그러게 나같이 착한 아우에겐 어휘를 정확히 구사해야
  지.

형: 어쭈! 어디서 한문 한자 주워들었다 이거지.

  그래, 어디 국어사전 가져와봐!

  세수는 얼굴 씻는 거야 이…

동생: 형! 형은 국어사전이 틀렸다는 거 모르지.

  방을 치우던 엄마가 형제간의 대화에 몹시 흥미로운 관심을 표
명한다.

형: 이 무식한 놈아! 말이란 통용원칙이야.

동생: 내 말이! 그러니까 국어사전에 세수에다 굳이 한문을 달
  아놓은 게 틀린 거라고.

엄마: 거 말 되네. 어휴! 내 강아지가 언제 이렇게 컸어?

  (대견한 듯)

동생: 거 봐. 형이 진 거지?

엄마: 홍 코- 너-

  (씨름 심판 흉내 내며 동생 쪽 손을 쳐든다.)

형: (역시 귀엽다는 듯) 그래, 어디 네 맘대로 백과사전도 다 뜯어
  고쳐라.

동생: 하룻강아지 범 무서운 줄 모른다고 말하고 싶구나?

형: 점점…? 하하…
  너 고등학교 가면 문과반 가야겠구나.

동생: 또 또! 문과 대학엘 가게 되겠지.

형: (정색하며) 스탑! 제법이다 했더니 안되겠어!(호통)

엄마: (더욱 단호하게) 엄마도 거기까지얏!

동생: (당황- 반전의 패색) 아냐… 난…

엄마: 알아, 알아요. 하지만 이쯤에서 형이 브레이크를 걸어준
  건 아주 잘한 거야.
  무슨 말인지 알아? 몰라?

동생: 우아 브라보-

형: 역시 울 엄마야.
  두 사람 모두 두 손을 번쩍 든다.

내레이션: 절묘한 무승부.

아니, 그것은 게임이 아니었다.

이. 비. 에스.

미혹(迷惑)

참으로 세상은 요지경 속이라.
아무도 거짓말을 한 사람은 없는데
웬 거짓말은 그리도 난무하는지.
그러니 뭐가 언제 어디서부터 잘못된 것일까?
진실이 드러나지 못하도록 감추고 덮는 장치들-
가만있자, 맨 처음 이 덫을 놓은 자가 누구였더라.
동산 중앙에 있는 선악과를 따 먹는 날에는 "정녕 죽으리라"
이르신 하나님 말씀을
"결코 죽지 아니하리라"고 장담한 건 거짓말이라기보다는
말 그대로 뱀의 유혹이요 하와의 핑계일 뿐이고,
하나님이 아벨의 제사는 받으시고 가인의 제사는 아니 받으시자
가인은 들에서 동생 아벨을 돌로 쳐 죽였다.

여호와께서 네 동생 아벨이 어디 있느냐고 떠보셨을 때
가인의 그 너무도 태연하고 자연스러운 짜증은 가히 일품이었다.
"내가 어떻게 알아요.
내가 뭐 아우를 지키는 자니이까?"
옳거니! 거 말 되네.
그러게! 제 발로 돌아다니는 놈, 누가 동생지기람?
아, 그렇게 거짓말은 시작되었었구나.

여기 더 멋진 거짓말이 있다.
유대인의 왕이 태어났다고 온 나라가 수런거리자
위협을 느낀 헤롯 왕이 동방 박사들에게 이르던 말.
"가서 아기에 대하여 자세히 알아보고
찾거든 내게 고하여
나도 가서 그에게 경배하게 하라."
세상에 이보다 더 지당하시고 고마우신 말이 또 어디 있으랴.
거짓말은 늘 이렇게 우리를 감격시키는 마력이 있다.
그런데 왜 동방 박사들은
감히 왕의 그 간곡한 부탁을 외면했을까?
그렇지. 거짓말은 적어도
박사쯤 돼야 알아볼 수 있는 고차원의 것이니까.

본인의 말대로 분명 거짓말은 아닌데도

또 이런 엄청난 속임수는 어떤가.

어느 시골의 촌부가 십수 년 머슴살이 끝에

드디어 그토록 바라고 원하던 소를 장만하게 되었다.

촌부는 어느 날 우시장에 가서

마음에 쏙 드는 소 한 마리를 점찍었다.

몸집도 그럴싸했지만 깊은 우수에 잠겨 있는 듯

무겁게 눈만 껌벅거리고 있는 그 표정이 더욱 맘에 들었다.

(그려, 비록 짐승이지만 정든 주인을 떠나게 된 게 너도 슬픈 모양이

구나.)

촌부는 그 소를 사기로 작심했다.

의례적인 얘기지만 몇 마디를 묻지 않을 수 없었다.

"이 소, 먹성이랑 잘하우?"

"하모요! 귀신같이 잘 먹습죠."

시원한 주인의 대답은 더욱 촌부를 기분 좋게 했다.

그런데 집에 데려온 소는 왠지 통 먹으려 들질 않았다.

"이놈아, 다 잊어버려.

이제 내가 네 주인이야. 내가 잘해줄게.

자, 어서 먹어! 먹으라니!"

촌부는 아무리 별미를 만들어 구완했으나 마찬가지였다.

동네 어른들이 와서 보고 그 소는 병이 든 거라 했다.

촌부에겐 하늘이 무너지고 있었다. 제정신이 아니었다.

다음 장날,

촌부는 구르다시피 뛰어가 그 소의 전 주인을 만나
다짜고짜 멱살을 틀어잡고
"뭐이 어드래? 이 사기꾼 놈아, 귀신같이 잘 먹는다꼬?
물어내! 내 돈 물어내!"
씨근덕거리는 촌부를 대하는 그 소 임자는
그러나 얄밉도록 차분하고 의연했다.
"누가 뭘 어쨌길래?
야! 내가 언제 총칼로 네 놈에게 떠넘겼네?
빙신! 귀신이 뭐 먹는 거 봤어?"
맙소사!
이렇듯 아무도 속인 자는 없으되 속은 자만 도처에 널려 있으니
참으로 빙신들이로고!
히야–

알랑가 몰라

어느 날 국수 아들이 다짜고짜 수제비 아들을
짜리몽땅 촌놈이 감히 뉘 앞에서 까부냐며
더 납작하게 쥐어팼다.
아닌 밤중에 홍두깨로 영문도 모르고 얻어터진
수제비 아들이 징징 울며 엄마한테 일러바쳤다.
수제비 엄마는 머리끝까지 화가 치밀어
거리로 나섰다.
길목에서 국수 아들을 지키고 있는 것이다.
그런데 다른 아이들은 다 지나가는데
국수 아들은 좀처럼 나타나질 않았다.
수제비 엄마가 씩씩거리고 있는 차에
마침 저만치서 라면 아들이 걸어오고 있었다.

"옳지! 그래, 좋다. 너, 어디 맛 좀 봐라."

다짜고짜 수제비 엄마는

라면 아들의 멱살을 틀어쥐었다.

"너, 이놈의 새끼! 왜 금쪽같은 내 아들을 때렸어?"

"아, 아주머니! 나, 난… 아니에요. 아니에요, 난…."

수제비 엄마는 어림없다는 듯

라면 아들의 멱살을 불끈 들어 올렸다.

"이놈! 아니긴 뭐가 아녀? 흥! 파마하면 누가 모를까 봐?"

이 이야기는 한동안 심심찮게 우리를 웃겼다.

그러나 그냥 웃어넘길 일만도 아닌 것 같다.

못된 짓은 있는 대로 혼자 다 하고선

별의별 그럴싸한 궤변으로- 변장으로-

제 한 짓 남에게 몽땅 뒤집어씌우고

닭 잡아먹고 오리발 내미는

얌체 국수족들이 세상을 어지럽히고 있으니 말이다.

죄 없는 사람을 영문도 모르게 짓뭉개놓고

시치미 뚝 떼고

아닌 척

저만 옳은 척…

뭐? 헛! 그게 애국이라나. 우욱!!

죽지 못해 살고 있지만
사실 하루에 열두 번도 더
라면 아들이라도 쥐어뜯고 싶은,
당한 수제비 엄마 심정
높은 양반들
거 알랑가 몰라?

사제(師弟)

어느 고등학교 미술 교사가 학생들의 여름방학 과제물에서 웬
뚱딴지같은 것 하나를 발견했다.

거짓말의 색채학적 고찰

1. 관계: 모자(거짓말의 모태는 색채?)

2. 효과: 원색 처리

예)새빨간 ⎤
　　새까만 ⎬ 거짓말
　　새하얀 ⎦

(※'새'를 '쌔'로 발음함으로 확실성을 더욱 강조)

3. 의견: 사람들이 모두 짙은 색을 피하고 옅은 색상을 선호하면
　　　　보다 정직한 사회가 이룩될는지!?

다음 미술 시간에 선생은 대뜸 난센스 퀴즈를 하나 내겠다며, 칠판에 "거짓말의 색채학적 고찰"이라 쓰고 각자 이 제목으로부터 받은 인스피레이션을 자유롭게 적어보라고 주문했다.

물론 대부분의 학생이 자신도 모를 횡설수설을 늘어놓았지만 비슷한 또 하나의 역작이 나왔다.

흔히들, 일단 색맹은 색을 잘 구분하지 못하기 때문에 제멋대로 거짓(잘못) 표현이 많을 것으로 생각하지만, 그러나 기실 색맹은 거짓말과는 무관하다. 왜냐하면 말장난이나 궤변 따위는 소위 시력이 좋다는 사람들의 전매특허이기 때문이다.

예: 파랗다, 새파랗다, 푸르다, 푸르르다, 푸르스름하다, 푸르뎅뎅하다, 푸르죽죽하다……

이상은 미세한 색의 명도까지 잘 감지할 수 있는 사람의 표현이다. 차라리 원색적 거짓말은 나중에라도 책임을 물을 수 있지만, 후자는 애매모호하여 항상 자기합리화에 급급하기 때문에 오히려 임기응변이나 기회주의를 조장하는 고질적 독소가 된다.

이번엔 무명으로 되어 있지만(필체를 변형한 듯?) 선생은 그가 전자와 동일인이라는 것을 단번에 간파했다.

우선 상반된 논리를 정연하게 전개하는 문장력도 놀라웠지만, 무엇보다 이제 고등학생으로서 그의 의식 수준이 경이로웠다. '소위 시력이 좋다는 사람'에게 꽂는 화살에 섬뜩함까지 느끼면서 일말의 염려도 없지 않았지만, 선생은 학생의 그 냉소적 반항성보다는 신선한 결벽성을 높이 사주기로 했다. 그는 결코 성적이 상위

권 학생이 아니었다.

　선생은 그에게만 과제물을 돌려주었다.

　거기에는 이렇게 쓰여 있었다.

　　내일을 크게 기대하네.

　　아무쪼록 굽힘 없는 전진으로 **잘 갈고닦아**

　　반드시 인류에 기여해주기 바라며 또 믿네.

　"잘 갈고닦아"의 자획이 구별되어 있었으며 그것이 무엇을 뜻하는지 학생도 금방 알아차렸다.

　두 사람은 피차 천군만마를 얻은 기분이었다.

조상 탓

"바람아, 바람아, 불어라.

대추야, 대추야, 떨어져라.

아이야, 아이야, 주워라.

어른아, 어른아, 뺏어라.

아이야, 아이야, 울어라.

아이야, 아이야. 울어라…… 울어라…….

가만있자, 그다음이 뭐더라?"

"뭐긴 뭐야, 어른아, 어른아, 윽박아라―지.

어쩜 그리도 딱이라니. 참으로 드러운 국민성이야."

"그럼, 아이야, 아이야, 더― 울어라?

어디 또 다음 해봐, 혀엉!"

"허, 거 일도 없다. 그야 이제 다 뺏었으니 뻔하지, 삼십육계! 하하……."

형이 늘 좀 삐딱하고 냉소적인 게 동생은 왠지 불안했지만, 그러나 곰곰이 따져보면 그때마다 형의 말이 들어맞는 데 신기했고 아니 차라리 그래서 동생은 그게 더 불안했다. 사실이 (남이야) 어쨌거나 말았거나 가령 아이가 울면 어른이 다시 내어놓는 쪽으로 말해주었으면 좋았을 텐데…….

그런데 그 동생이 어른이 되면서 어느새 그 형을 그대로 닮아가고 있는 데 깜짝 놀랐다.

한번은 친구에게 꼼짝없이 당하게 된 사건이 일어났다. 무엇보다 그 친구가 이제 곧 등 돌릴 차례란 게 두려워 허겁지겁 미리 그 앞을 맞춰 놓았으니 망정이지 하마터면 복잡할 뻔했었다. 그런데 그것이 천만다행으로 감사한 게 아니라 뒷맛이 오히려 더 그야말로 더러웠다. 자기야 만 번 불가피했지만 저쪽에선 뭔가 놓쳤다는 기분일 거고 또 만약 제가 모르고 있었더라면 아마 그는 저를 배신하고 말았을 게 틀림없으리라 생각하니 더욱 그랬다.

그러나 시간이 흐르자 동생은 이내 제가 형보다 더 순진한 것도, 형이 저보다 덜 순수한 것도 아니란 걸 깨달았다. 그때 만약 제가 손쓰지 않고 그냥 두고 보았더라도 그 친구가 결코 저를 배신하지 않았을 수도 있었는데 왜 굳이 아닐 거라 미리 단정해버렸느냔 말이다.

아직 일어나지도 않은 일을 나쁜 쪽으로 먼저 생각해야 하는 것을 꼭 지혜라고 말할 수만은 없을 것이었다. 보통의 경우, 그런 예견은 십중팔구 맞아 들게 마련이요, 그렇게 그냥 믿거라 하다간 영락없이 바보가 되고 마는 세상이지만, 그렇기로 관계의 좋은 결과를 위해서 더 각박하고 영악하게 도사려야 하다니 만사가 귀찮고 싫어졌다.

한동안 적조하던 형한테서 전화가 왔다. 중동에서 벌어온 달러를 형수가 몽땅 날리고 그동안 집안은 풍비박산이 됐는데, 글쎄, 운 좋게도 떼인 한 구찌를 이러저러해서 되찾게 됐다고 다시 합치잔대나.

"형, 잘됐어. 축하해. 정말 축하해요. 설사 돈을 못 받더라도 이제 그만 무조건 합쳐! 무조건, 응?"

"여전하구나. 넌, 언제나 네 심덕으로 무탈한데, 난 좀 그랬지?"

형의 아린 마음이 울려온다.

"아냐, 형. 형은 의인이 벼락 맞은 거지."

그랬다. 의인의 논에도 악인의 논에도 똑같이 비가 내리듯 악인도 의인도 똑같이 벼락을 맞을 수 있다는 것도 물론이다.

사람들이 유난히 욕심 많고 불량한 게 다 그놈의 민요 탓이라고, 이다음에 꼭 제가 시인이 되어 그것을 다시 아름답게 고쳐 쓰리라 다짐하던 천진한 어린 시절을 동생은 아련히 떠올리고 있었다. 입가에 어린 쓰디쓴 미소―

무엇을 자랑할 것인가

때로 사람이 너무 어이가 없으면 의외로 더 차분해지고 의연해질 때가 있는가 보다.

그날 마침 나는 동네 미장원에서 파마 클립을 말고 시간을 때우느라 한구석에서 잡지를 뒤적이고 있었다. 그날따라 손님이 좀 붐볐다.

누군가 아까부터 큰 소리로 떠들어대고 있었다. 그렇거나 말거나 별 관심도 없었지만 문득 묘한 단어가 귀에 걸려들었다. S대생은 주로 시골 애들로 환경이 안 좋으니까 공부만 파고들어서 이상 성격자들(그 뉘앙스가 꼭 '정신병자들'로 들렸다)이 주류라나. 그래서 제 아들은 제 아버지 모교인 K대에 보냈노라는 해괴한 자랑단지를 두들겨대고 있었다.

'뭐가 어쩌고 어째?'

나는 불시에 '우욱!' 하고 가슴에 뜨거운 것이 치밀어 올랐다. 비로소 그 여자를 쳐다봤더니…… 허이구야! 몸은 5천 평에 한마디로 속말로 '생긴 대로 놀고' 있었다. 사람들은 어쩌면 그다지도 적절한 말을 잘도 지어내는지 새삼 감탄하자니 절로 피식 웃음이 나왔다. 그러자 어찌 된 게 나의 역한 감정은 어느새 물거품처럼 스러지고 오히려 그녀가 안쓰러워진 것이다. 참으로 난해한 기분이었다.

그녀는 머리를 마치고 가슴을 더욱 앞으로 쓱 내밀며 위풍당당(?)하게 문을 밀고 나갔다.

다음이 내 차례라서 나는 그녀가 나간 의자에 앉으며 조용히 혼잣말로,

"그래, 자기 아들은 점수는 넘치는데 S대는 허접스러워 일부러 K대로 보냈나?"

"아!"

마담은 그제야 나를 알아보고, 몹시 민망하고 당황한 표정이었다. 나는 속삭이듯,

"그분은 집안이 굉장히 명문인가 봐요?"

깔깔깔…… 그녀는 드디어 봇물 터지듯 웃어댔다.

쉿! 나는 입술에 손가락을 대며 아무 말 말라고 눈으로 윽박질렀다. 속이 몹시 언짢았을 텐데도 시치미 뚝 떼고 아무렇지 않은 척하고 있는 내가 더 우습다는 듯 그녀는 배를 움켜쥐고 끙끙거렸다.

갑자기 이상한 분위기를 감지한 손님들의 시선이 몰린다.

"왜? 왜요?"

"무슨 일인데?"

"우리도 좀 압시다."

나는 쌩뚱맞게,

"암것도 아니에요. ……여자가 허파에 바람이 들었나?"

"아이고오……."

마담은 정말 더 이상은 못 참겠다는 듯, 아예 그대로 땅바닥에 질펀히 주저앉아버린다.

나는 그대로 눈을 감은 채 더 이상 아무 대꾸도 하지 않았다.

며칠 전, A 친구가 말했다. 무슨 얘기 끝에 B에게 요즘 세국이 그래서 제 아들이 사업을 정리했는데 몹시 속이 심란하다고 했단다. 그랬더니 친구 말이 채 떨어지기도 전에 B가 제 작은아들은 이리이리해서 대박을 터뜨리고, 큰아들은 저리저리해서 빵빵 잘나간다고 턱을 빳빳이 뒤로 젖히며 자랑을 늘어놓더라나. 아아니, 아무리 제 아들 자랑이 하고 싶어도 그렇지 그래 하필, 꼭, 그 대목에서 그래야 쓰겠느냐며 B의 흉내를 내가면서까지 곱씹는 친구의 모습이 하도 우스워 나는 배꼽을 쥐었다.

나는 곧잘 이런 말을 한다. 세상에 자랑할 것이 있는데 자랑하지 않고 사는 사람은 아무도 없다. 다만 그 자랑의 양태가 저마다의 됨됨이에 따라 다를 뿐이라고. 자랑은 감사에서 비롯된 것이니

과히 역겹지 않거든 들어주는 것도 좋은 일이다. 그 사람이 그것을 자랑하기까지 얼마나 수고를 했는가.

그런데 바로 그 점이다. 자랑을 하되 언제(타이밍), 어디서(분위기), 어떻게(자세) 하느냐가 문제요, '하필 그 대목'만은 절대 삼가야 될 일이다.

친구의 얘기를 더 들어보자. 자기는 아들 다섯을 키우면서 이따금 은근히 내심 불안하고 걱정이 되더란다. 지금 와서 돌아보면 감옥 간 놈이 한 놈도 없어서 얼마나 감사한 일이냐고-.

아! 나는 사려 깊은 그 친구가 새삼 귀하게 여겨졌다. 어느 누가, 과연 몇이나 그리 생각하겠는가 말이다. 그것이 진짜 자랑인 것을?

나는 지금껏 주위로부터 비슷한 말을 많이 들어왔다. 다른 사람 같았으면 아마 자기네들 귀가 이미 짓물렀을 텐데 왜 나는 애들 자랑을 잘 하지 않는지, "그것이 알고 싶다"는 것이다.

"궁금할 것도 많다. 그게 뭐라고. 거 아무개(친구 중 가장 부자) 돈 냄새 풍기는 거 봤어? 진짜 부자는 그런 거야. 만약 우리에게 목돈 한번 생겨보라지. 가관일 거야. (웃음) 공부도 그래. 2지망, 3지망 또는 턱걸이로 간신히 붙었을 때, (아마도 앞의 그 5천 평도) 아무렴! 자랑스럽고말고. 얼마나 대견해. 자랑은 그럴 때 하는 거야."

"하! 말 되네. 티꺼워서……."

눈을 흘기며 모두들 웃는다.

그러나 모르는 소리. 내가 앉으면 얼마나 애들 자랑을 하는데 왜 그것은 자랑으로 쳐주지 않는지 나는 그것이 알고 싶다.

　나는 걸핏하면 우리 애들 착해서 예쁘다는 말을 술술 잘한다. 제 자식 안 착하다는 어미가 어디 있을까만, 그래서 나는 별수 없는 푼수데기다. 어차피 기왕에 모두 자랑 타령인 바에야 사람이 사는 궁극적 목적이 바르고 착하게 사는 것일진대, 세상에 자식 착한 것 말고 더 자랑해야 할 것이 무엇이던가. 그래 봤자 당하고 망한 역사요 며느리들은 속 터지겠지만 그래'도' 나는 좋다. 행여나 남 망하게 해놓고 떵떵거리는 것보다야 만 번 잘한 일이요, 하여, 부디 엇나가지 말고 끝까지 잘 참고 그대로 착해주기만 빌고 빌 따름이다.

여남 동등?

(혹자는 지레짐작으로 또 노루 친 막대기냐고 할는지 모르지만 아무래도 이 문제는 다시 한 번 더 확실하게 짚고 넘어가야 할 것 같다. 나의 성차별 철폐론이 도매금으로 이해되는 것을 원치 않아서라고나 해둘까.)

"뭐, 여남 동등? 정말 왜들 이러나!"

며칠 전 교계 신문을 뒤적이다 말고 나는 그 타이틀만 보고 짐짓 얼른 다음 장으로 넘겨버렸다. 신문지가 크게 탁 소리를 내며 찢어질 만큼 짜증스런 나의 몸짓이었다.

"지금이 어느 세상인데 아직도 그 타령이야."

내용을 안 읽었으니 얼마나 대단하고 필요 불가결한 기획인지 알 바 없었지만 이제 그런 식으로 떠들 때는 아니잖은가 싶어서다. 그것은 다름 아닌 바로 내가 여자이기 때문이다. 나는 우리 여성들이 제값을 찾아 지키고 누리기까지 부디 좀 의연했으면- 바라는 마음 간절하다.

한참 전이지만 정부에서 처음 여성부를 신설할 때 일부 깬 여성들은 여성부란 명칭을 거부했었다. 남성부도 없는데 구태여 '여성부'라 명명함으로 오히려 성차별을 인정하는 꼴이 아니냐고. 그렇다. 그런 건 아예 싹 무시하고 넘어가는 것이 평등의 기정사실화를 더욱 굳히는 것이 아니겠는가.

나는 그 소위 '할당제'라는 것도 어서 우리 스스로 밀어낼 수 있어야지— 마음이 급한 사람이다. 대관절 언제까지 시혜에 의존할 것인가.

물론 어느 부문에서나 피해 당사자의 항거는 인지상정이지만 그렇다고 그 때문에 진리의 본질을 왜곡시킨다면 그건 아니다. 우리는 각별히 이 점에 유의해야 한다. 어린이 운동가가 어린이가 아니었으며 인종차별 철폐론자가 어디 모두 흑인이었나. 70년 전이 땅의 여성 안수를 주장하다가 파직당한 분은 남자 목사님이었다. 그들은 모두 고귀한 진리의 수호자였던 것이다. 단순히 이해 차원의 투쟁을 거창하게 평등주의 운운함으로 또 다른 불평등을 획책한다면 난센스란 말이다.

여남 동등? 어째서 꼭 그래야 하는가. 남녀의 순차가 남존여비라면, 여남의 순차는 여성 상위란 말인가. 이쯤 되면 "웃긴다"는 속어가 등장할 차례다.

나는 만인 평등주의자다. 평등은 인간의 기본권에 대한 원칙의 문제요, 남녀냐 여남이냐의 순차가 혹 목적을 위한 전략이라면, 전략치곤 너무 치졸하지 않은가.

두 개의 동등한 개체에 군이 서열이 필요하다면 만 번 '남녀'가 옳다. 애당초 하나님께서 인간을 창조하실 때 남자와 여자를 창조하셨다. 일란성 쌍둥이라도 형과 아우로 불리는데, 남녀의 출생 시차는 쌍둥이류와 비교도 안 된다. 형과 아우의 순차가 무슨 능력이나 자질의 차이도 아닌데 왜 군이 '여남'이어야 하는지 등 간지럽다.

그리고 무엇보다 인간은 예(禮)를 숭상하는 도덕적 존재다. 예를 공자의 전유물로 여기는 무식한 크리스천이 없기를 바란다. 피조물이 창조주를 경외함이 마땅한 도리요 예의이기 때문에 우리는 주님을 섬긴다. 사람은 엄연히 동물이지만 짐승도 조어(鳥魚)류도 아니다. 물론 오랜 인습의 연고도 있겠지만 특히 여성은 속성상 남성보다 예절이 바른 것으로 알고 있다. 동등한 데야 누구나 남녀니 여남이니, 그냥 나오는 대로 말할 수는 있겠다. 그러나 군이, 애써, 의식적으로, 꼭 제 쪽에서 저를 앞세워야 할 필요가 있던가.

이것은 여담이지만, 한동안 시즌마다 고연전이냐 연고전이냐로 실랑이질하던 때가 있었다. 양쪽이 워낙 팽팽하다 보니 중재안이 나온 듯했다. 가나다순으로 하자. 합리적이었다. 어쨌든 양쪽을 모두 승복게 하는 덴 합당한 기준이 있어야 할 테니까. 그런데 나중 어쩌다 보니까 고대 쪽에선 연고전이라고 하고 연대 쪽에선 고연전이라 하는 걸 보고 나는 무릎을 쳤다. 역시 인간은 만물의 영장이야!

그 뒤는, 또 지금은 어떻게 불리는지 모르지만, 이것은 지극히 지엽적인 것일 뿐 지금 여성들이 이런 문제로 알레르기 반응을 보이다니 몹시 안타깝다.

언젠가 무슨 일에 내가 아들 편을 든다고 여겼던지 우리 며느리가 내게 불쑥 이렇게 항의하는 것이었다. 말은 생글거리지만 속은 언짢은 기색이 역력했다.

"그것은 여권주의자이신 어머니로서 모순 아니세요?"

"뭐…?"

나는 깜짝 놀랐다. 그 당돌함도 그렇거니와 그 애가 그 수준은 아니라고 믿었는데 무엇보다 그 사시안(斜視眼)적 사고에 당황했다.

나는 짐짓 어이없는 표정으로 그러나 분명하게 힘주어 혼잣말로 말했다.

"흥! 뭐, 아무거나 여자에게 유리하게 찍어다 붙이는 게 여권인가?"

명언이었다. 지금까지 내가 말하고자 했던 가장 중요한 포인트다.

나는 그동안 어디든 처한 곳에서 이 나라의 성차별을 비판해온 사람이지만 그러나 그것은 결코 단순히 피해 당사자로서의 항변만은 아니었다. 어떤 차별이든, 차별은 진리 안에서 사람이 행할 바 아니기 때문에 그래선 안 된다는 것이다. 이 땅의 성차별의 죄과가 너무도 끔찍했으니까.

거듭 되풀이하건대 나는 덮어놓고 약자라는 이유만으로 편들지는 않는다. 성경에도 가난한 사람을 압제하지 말 것이로되, 송사에서 가난하다는 이유만으로 그를 편벽되이 두호하지도 말라고 했다(출 23:3).

나는 우리 여성들이 이제는 남성을 밀뜨리면서 동등하자고 고함만 칠 것이 아니라 내가 한 단계 올라서서 동등을 증명해 보여줬으면- 바라고 또 바랄 따름이다. 지금 여성들이 참으로 신경 써야 할 것은 제발 등 뒤에서 들려오는 "메네 메네 '데겔'"(단 5:25)의 소리를 듣지 않도록 하는 것이 아닐까.

서로 박수 치는 바보 가족

동서고금을 무론하고 솔직히 공것을 싫어하는 사람이 얼마나 될까만 그래도 이 백성만큼이야 하랴 싶다. 양잿물이라도 들이켤 인종이 설마 또 어디 있을라고-.

같은 백성이지만 전엔 그래도 이렇진 않았던 것 같은데 요즘은 도통 네 것 내 것이 따로 없는 것 같다. 먼저 본 놈이 임자다.

일찍이 내겐 "Help me!"란 단어만큼 가슴을 뭉클하고 아련하게 하는 단어는 없었다. 그래서 그 소리에 답하기 위해 사람은 마땅히 열심히 살아야 한다고 늘 강조해왔다.

그런데 언제부터이던가. 나도 모르게 그 말에 알레르기 반응을 하게 된 자신이 안타깝기 그지없다.

본래 사람이 "Help me!"를 발할 때란, 시점이나 정황이 어쩔 수 없는 막다른 골목이거나 속수무책일 때라야 한다는 기본 인식이 내 마음 밑바닥에 깔려 있었던 탓일까. 나는 요즘 사람들이 그 말을 너무 쉽게 남발하는 데 식상한 것이다.

옆 사람에게 담배 한 대 달라니 없다고 하자 "그럼 내 거 피우지"하며 제 주머니 더듬던 어느 코미디 한 토막이 생각난다. 좀 비약하자면 요즘 시치미 뚝 떼고 그렇게들 사는 사람이 적지 않다는 말이다.

여러 해 전, 여성의 진짜 자존심에 대해 목청껏 외쳐본 나의 졸작이 출간된 후 더러더러 전화가 걸려왔는데, 아마도 벽창호 같은 남자한테 매 맞고 사는 주부 아니면 애들 때문에 어지간히 속 끓는 엄마인 듯싶었지만 뭘 착각했는지 노골적으로 좀 도와줄 수 없느냐는 사연이 더 많았다. 물론 어떤 도움이든 도울 수 있으면야 도와도 좋겠지만 내 보기에 정작 저들이 도움을 청해야 할 문제는, 또 내가 함께 나누고 싶었던 것도 그게 아니었는데 말이다. 아무리 급해 맞았기로 세상에 어려운 사람이 어디 자기뿐이라고, 나를 언제 알았다고 다짜고짜 그리 쉽게 손부터 내밀 수 있는 것인지 나는 어리둥절하지 않을 수 없었다.

나는 이따금씩 장학생을 새로 선발하게 될 땐 꼭 학생에게 신학을 하게 된 사유서를 제출하게 한다. 그래도 최소한 학생의 의식 수준만이라도 알고 싶어서다. 그런데 그것을 읽으면서 번번이 나는 유쾌하지 않은 착잡한 심정일 때가 많다. 엄청 믿음이 좋은 양 과시하는 거야 애교로 봐주겠지만, 소위 목적을 위한 전략이랍시고 택한 방법인지 모르겠으나 지나치게 지지궁상을 떠는 덴 딱 질색이다.

거의가 부모는 와병 중이고 영세 생활에 아이들은 주렁주렁-
아아니, 그래 집안이 그 지경이면 당장 나가서 벗어부치고 벌어먹
고 살아야지 무슨 놈의 공부야 공부는. 뭐, 사명? 하나님 앞에 사
명 없는 사람이 어딨는데?…

본시 장학금이란 꼭 공부해야 될 인재가 형편상 못 하게 됐을
때 주는 것이지 누구 졸업장 쉽게 받으라고 주는 게 아니다. 공부
할 머리도 못 되면서 장학금 얻기 쉽고 직장 보장된다고 신학이나
목사나 하자며 몰린다고 비소(誹笑)하는 소리가 높다. 아니나! 지
지리 못 먹고 못 입고 모아 천당 가겠다고 털털 털어내는 왕바보
(?)들이 많아선지 재주 좋은 넘은 겹치기로 장학금을 받아 기분이
라고 친구들을 불러 한턱 쏜대나. 쯧쯔….

내가 아는 어느 권사님은, 자기는 이제 신학생은 손 떼기로 했단
다. 차라리 믿지 않는 이는 양심의 가책이라도 있지, 믿는다는 이
름의 사람들은 어찌 그리 하나같이 뺀질이냐며 질렸단다. 비단 신
학생만 두고 하는 말이 아니란 걸 물론 나는 모르지 않았다. (생략)

"하나님은 뭐, 지네 하나님만 되는감?"

덧붙이는 그분의 한마디는 많은 것을 시사하고 있었다.

가슴이 아려온다. 그렇게도 오랜 세월 지성스레 헌신하던 분이
었는데…. (지금 누구 얘길 하고 있는지 모르겠다.)

나의 낙서장엔 이런 것이 있다.

크리스천 감별법

걸핏하면 남 앞에 손바닥 내보이는 사람: 가짜

손등을 내보이는 사람: 진짜

글쎄, 자신에게 철저하고 남에겐 관대해야 하는 게 크리스천이어야 하겠거늘 어찌 된 게 크리스천은 예외 없이 자신은 뭐든 하나님의 은혜이니 받아야 되고, 남에겐 꼭 고린도전서 13장만 요구한다. 아무래도 뭘 감사함으로 넙죽 받아먹는 데 익숙지 못한 사람은 체질적으로 예수 믿기 거북한 축이지 싶어 쓴웃음이 샌다.

갑자기 재미있는 에피소드가 생각난다.

아동 문학가 마해송 씨가 어느 날 아침 일찍 어린 자기 아들을 죽으라고 주워 팬 사건은 오랫동안 내 가슴에 촉촉이 젖은 채로 남아 있다.

내 젊었을 때이니 당시엔 집집마다 별로 여러 신문을 구독하지 않았고 정보도 그다지 밝지 않던 때라 중학생 아들이 새벽같이 지키고 있다가 문간방에 배달된 신문을(아마도 만화나 연재물이었을 것) 먼저 읽다가 제 아버지께 혼쭐이 난 사건이다. 그 집에서도 지금 신문 오기만 기다리고 있을지 모르는데, 주인 허락도 없이 왜 남의 것을 먼저 읽느냐고 아버지가 펄펄 뛴 것이다.

사람들은 아마 아무리 그 시절 상황을 감안하더라도 그게 뭐 어때서, 별스런 괴짜도 다 있다고 코웃음을 칠는지 모르지만 나는 전적으로 그 아버지 편이다.

내게도 비슷한 일이 있었다.

우리 큰애가 고등학교에 갓 올라갔을 때쯤이었을까. 내겐 아들만 셋인데 놈들이 자전거가 몹시 갖고 싶었던 모양. 그러나 엄마가 워낙 심약해서 행여라도 그걸 길거리로 끌고 나간다는 건 어림없을 터라 아예 한 번도 사달라고 졸라본 적은 없었지만 그러자니 일이 벌어지고야 말았다.

어느 날 베란다에 웬 자전거가 하나 있었다. 아주 새것이었다. 친구가 놀러왔다가 늦으니까 버스 타고 갔나 보다고 대수롭잖게 넘겼다.

며칠째 자전거는 그 자리에 그대로 있었다.

'혹시 친구 것을 빌렸나?'

신경이 곤두섰다. 설사 빌렸더라도 벌써 며칠인데 당연히 돌려줘야지. 그때부턴 그냥 있을 내가 아니었다.

"누구 거니?"

나는 둘째가 의심스러웠지만 마침 집에 큰애만 있어서 큰애를 다그쳤다. 아는 친구들 이름을 다 대도 묵묵부답이었다.

"누구 거야?"

옥타브가 있는 대로 올라가자 애는 주눅이 들어 아무개 전도사님 거라고 우물우물했다.

"뭐- 야-?"

나는 지금까지 살면서 그때처럼 크게 화를 내본 기억이 없는 것 같다. 내가 힘이 없으니 때리지는 않았지만 정말 내게 힘이 있었다면 꼭 패 죽일 것만 같은 기세였다. 새로 사서 애지중지 차마 자기도 타기 아까울 걸 어쩌자고 그렇게 여러 날 안 돌려주고 있는 거냐고… 제 것 없으면 말지, 누가 언제 그렇게 뻔뻔해도 좋다고 했느냐고 악을 악을 썼다.

지금도 눈에 선하다. 아이가 징징 울며 돌려주려고 자전거를 끌고 나가던 그 모습이. 그때 아이는 뭔가 억울하다는 표정이었는데 어쩌면 그 애가 그걸 빌려온 것이 아닐 수도 있겠다는 생각을 해보기도 했지만 어쨌든 그 후로 그 일을 다시는 입에 올려본 적이 없었다. 뭐 그래서일 리야 없겠지만 유난히 큰애는 고지식하고 맑아서 기특한데 며느리가 가끔 답답하다고 하소연을 늘어놓을라치면,

"어허-!"

나는 단호하게 팔을 내젓는다. 다른 건 몰라도, 아니 때로 제 남편 흉을 보는데 맞장구도 잘 쳐주지만 그 점만은 아니다.

나는 웃으며,

"넌, 뭘 몰라도 한참 모르는 것 같은데, 그래 봐야 갠 내 아들이고 넌 남의 딸이야."

결코 네 푸념을 들어줄 수 없다는, 내 아들을 남의 딸과 바꾸지 않겠다는 확실한 의사 표시에 며느리는 그게 싫지 않은 듯 금세 활짝 갠 얼굴로 깔깔 따라 웃는다. 내가 내 아들의 그 곧고 맑은 성품을 얼마나 뿌듯하게 자랑스러워하는지를 며느리는 누구보다 잘 알고 있는 것이다.

선물

어느 명절엔가 서울 며느리가 L 백화점 상품권 몇 장을 주어서 지갑 속에 넣고 다닌 지가 벌써 이태가 지났다. 평소 집에서 가까워서 H 백화점을 자주 이용하기 때문에 좀처럼 L 백화점은 잘 들러지질 않아서다.

어느 날 며느리 생일이 다가올 무렵, 지갑을 더듬다가 L 상품권을 발견하고 문득 나는 장난기가 동했다.

"얘! 나, 이번 네 생일에 아주 근사한 선물 하나 할까?"

호기심에 귀가 쫑긋해진 며느리에게 상품권을 건네주며 싱겁게,

"이거 이대로 뒀다가 다시 내 무슨 날에 도로 주면 되겠네. 우리, 이대로 부담 없이 그냥 평생 기분만 내자야. 어때?"

"야- 그거 좋네. 좋아, 좋아!"

아들이 신나서 거들자 분위기는 한결 고조-.

"어머! 누구만 좋으라고……."

"그게 그렇게 되나? 하……."

아들이 유난히 유쾌한 걸 보니, 이래저래 정말 아들 짐만 덜어주나 보다.

아들이 세뱃돈이라고 빳빳한 신권으로 100만 원 한 다발을 내놓았다. 어릴 때야 부모로부터 세뱃돈을 받지만 장성하면 어른께 드리는 거라고 가르친(?) 후, 그 점은 착실히 잘 지키고 있는 셈이다. 물론 그달치 십일조엔 10만 원이 더 얹혀졌었다.

그런데 이럴이라니! 모든 부모가 다 그렇듯이 나는 그 돈을 도저히 아까워서 차마 쓸 수가 없는 것이다. 저희도 아쉬울 텐데…싶자 금세 코끝이 찡해진다.

에이, 안 되겠다. 나는 그것을 그대로 아들 통장에 입금해버리고 말았다. 그리고 전화로 적당히 이름 붙여, 엄마가 주는 것이니 쓰라고 했다.

며칠 후에 다시 내 계좌로 100만 원이 들어왔다. 뭐가 좀 생겼다나.

'흥, 생기긴… 뻔한 헛소리 하고 있는 거 알지러.'

또 심장 한복판이 아릿하다.

그달 십일조를 계산하다 말고 문득.

'가만! 이거 뭐 하는 짓이야?'

어이가 없었다. 그야 처음 월급을 받았을 때 그쪽에서 십일조를 뗐을 것이요 결국 그 돈이 왔다 갔다 핑퐁 하고 있는 건데, 이거야 말로 정말 기분만 좋았지 십일조로 본전이 다 날아가고 있는 판이 아닌가.

"허! 믿음도 없는 주제에 하나님만 어부지리 하셨네."

나는 천장에 대고 방소(放笑)했다.

'에이, 차라리 써버리고 말자.'

나는 지금껏 한 번도 아깝다고 느껴지는 헌금을 해본 적이 없었던 것 같은데 허유! 그 십일조만큼 아까운 헌금은 내 난생처음이었다.

사람은 감정의 동물이며 또한 이지적 동물이며 영적 동물이며….
(참 어지간히도 복잡한 동물일세.)

좋은 자극은 좋은 반응을 불러일으키기 마련, 선물은 그만큼 더 사람을 행복하게 하는 요소임에 틀림없을라. 아마 나만큼 선물 좋아란 사람도 드물 것이다. 나는 크리스마스나 무슨 날이면 엄마 선물 사오라고 애들 어렸을 적부터 손에 돈 들려 내보낸 사람이었으니까. 그래서 우리 식구들은 누구를 축하하거나 기념하는 덴 썩 예민한 편이다. '그게 바로 사람 사는 맛'이라는 게 나의 지론?

언젠가 친구와 백화점 잡화 코너를 돌 때였다. 친구가 머리핀 하나를 들고 맘에 드는지 머리에 대보는 등 어린애처럼 몹시 좋아라 했다. 값을 묻던 그녀는 깜짝 놀라 그만 들고 있던 머리핀을 얼른 도로 놓아버린다. 한 바퀴 돌아보았지만 별로 신통한 게 없었다. 나는 자리에 다시 와서 그 핀을 싸달라고 점원에게 주문했다. 그 친구는 이러지 않아도 된다고 민망해했고 그때 빙그레 웃으며 내가 던진 말은 지금 생각해도 정말 일품이었다.

"이런 건 이렇게나 해서 가지는 거야."

나중에 그 친구가 직장에서 동료들에게 자신은 이 핀 하나로 이리 행복하다고 했다는 말은 정말 나를 행복하게 했다. 그것은 시방 선물의 품목이나 그것이 고가의 것이라는 것과는 아무런 상관이 없다. 그 친구가 그것을 살 능력이 없어서도 물론 아니었다. 다만 대단치도 않은 것을 맘에 든다고 덥석 비싼 값을 주고 사기엔 왠지 좀 찜찜한 터에 선뜻 그 맘을 알아주는 친구가 곁에 있다는 게 어찌 행복하지 않으랴. 나는 기왕이면 늘 이렇듯 짜릿함을 느끼고 살 수 있는 인생이기를 기원한다.

하여, 급기야 우리 큰아이의 학위 수여식 참석차 모처럼 먼 여행 중에 참으로 씁쓸한 해프닝이 벌어지고 만 것이었다.

요즘은 발에 걸리는 게 박사라는데, 나는 그 흔한 박사 학위 하나 받기가 그렇게나 어려운 것인 줄을 예전엔 미처 몰랐다. 사정이 이렇다 보니 여러 사람이 고생했고 신세 진 사람도 많았다. 역시나 우리의 길을 완전케 하시는 하나님께서(시 18:32) '그랬기 때문'에 더 좋도록 인도하셨고 결과는 오히려 감사가 넘쳤다.

나는 여러 분을 찾아뵙고 인사를 드렸지만 특별히 긴 세월 우리 아이를 귀애해주신 한국 출신 교수님 한 분께만은 꼭 정중히 사례하고 싶었다.

애들에게 내 생각을 얘기했더니, 어려서부터 내 스타일에 익숙한 아들은 제가 다 알아서 할 테니 너무 신경 쓰지 않아도 된다고 했지만, 며느리는 금방 뒤로 넘어가는 시늉을 했다. 그동안 지지리 고생한 저희네 시각으론 내가 생각한 선물이 좀 과하다 싶었던 모양이다. 나는 왜 그래야 하는가에 대해 아무리 열심히 설명해도 며느리는 좀처럼 납득이 잘 안 되는가 보았다. 그러는 내가 미국 사람들 눈엔 오히려 이상하게 비칠 수도 있다는 것이다. '졸업식 날 보셨듯이' 식장에 꽃다발 들고 온 사람은 한국 사람들뿐이었잖느냐고, 마치 날 한참 시대에 뒤떨어진 사람으로 내놓는 투였다.

나는 슬그머니 얄미운 생각이 들었다. 물론 그가 무슨 말을 하고 있는지 못 알아들은 바는 아니지만, 이것들이 어느새 미국×다 됐구나 싶으니 왠지 모르게 허전하고 솔직히 괘씸한 생각까지 든 것이다.

치미는 울화를 삼키던 나는 드디어 작심하고 매운 설교를 시작했다.

동서고금, 시간과 공간에 상관없이 그냥 인간은 인간인 거야. 어느 시대 사람은 이렇고, 어디 사람은 저렇고, 한다면 진리는 어디에 발을 붙이냐? 몇천 년 전 이름 모를 어느 먼 곳으로부터의 고전이 어떻게 지금 우리의 심금을 울리는데? 요컨대 어떤 경우에라도 모두에게 살아 있는 공통점, 바로 그것이 인간이라고. 물론 눈 찡긋, 고개 까딱만 해도 인사가 되는 경우도 있지만, 아무리 90도 각도로 허리 굽혀도 그것으로 끝날 수 없는, 끝내선 안 되는 경우도 있는 거야. 그래, 오랜 세월 제 자식 보살펴준 분한테 모처럼 어미란 게 나타나서 그럼 기껏 초콜릿 한 상자 삐쭉 내미는 게 미국식이란 말야? (갑자기 쳇소리를 내며 옥타브가 팍 올라간다.) 그려, 미국 사람들이 프래그머티즘으로 부국을 유지하느라 애쓰고 있는 거 나도 잘 알아. 그렇다고… 그래, 너 말 잘했다. 만약 기대하지도 않았는데 누군가가 졸업식 날 꽃다발 들고 와서 축하해준다면 그 친구 미국 사람이니까, 한국 사람이 아니니까, 과연 기분이 무지 나쁠까? 그래? 헛소리하지 마. 흥! 한국 사람들이 언제 누구에게 꽃다발 줄 줄이나 알았어? 다 그네들한테서 배운 거야. 왜 이래. 네들 참 웃긴다. 어떻게 내 인사를 너희가 대신해? 인사 중 가장 기피해야 할 것이 바로 그 때워 치우는 인사라는 거 몰라? 전시성이나 뇌물성의 허례허식이 나쁜 거지 한국 정서 중에서 가장 좋은 점이 바로 그 인사성이야. 사례할 줄 모르는 게 어디 인간인가? 이건 내 말이 아니라 성경적 결론이라니. 사례하지 않은 자에겐 구원도 없다구(눅 17:11-19). 흠— 결국 내 자식도 어느새 내가 그토록 싫어하는 뺀질이 신학생이 다 되고 말았다니 기도 안 찬다. 자알하는 짓들이여. 앞으로 너희가 부부 박사로 얼마나 떵떵거리고 잘살는지 모르겠지만 지금 꼬라지론 나 그런 자식 조금도 자랑스러울 것 같지 않네…….

아무리 해대도 떫은 가슴은 좀처럼 풀리질 않았다.

나는 서둘러 일정을 앞당겨 돌아왔고 한참의 시간이 흐른 지금도 여전히 내 맘이 개운치 않음은 정녕 그분들(교수님 내외분)께 도리를 다하지 못한 면구스러움 탓만도 아닐 듯……?

정도령은 언제

아무리 천사와 악마가 우리 안에 공존하고 있다지만 정말 이러다간 인간이 어디까지 가게 되는 것인지 요즘 세태를 보면 두렵다 못해 어안이 벙벙할 지경이다.

어쩌다가 세상이 이 지경이 돼버렸는지 한탄하다 보니 해답이 이미 나와 있었다. 그래, 물질문명이 너무 발달한 것이다. 참으로 희한한 것은 분명코 문명이란 게 사람의 피땀에서 나온 건데 사람들은 왜 그것을 제대로 누리질 못하고 그것에 정복당해버린 것일까?

역사적으로 볼 때 아주 공식처럼 그랬었다. 문명의 극치는 예외 없이 퇴폐 문화를 낳았고 이미 자정 능력을 상실한 인간은 부패, 타락의 탁류에 휩쓸려 결국 멸망의 포구에 다다르고야 만 것이다.

종교적으로 이를 절대자의 진노인 '심판'이라고 이름했다. 그러니까 종말론은 너무도 당연한 시대적 산물이었다.

자, 이쯤 되면 비신앙인이라도 자연스레 그 어떤 인간 외적인 새 질서의 구원을 갈망하게 마련이요 그것은 곧 인간의 마지막 절대 소망이었다.

사람은 비록 저는 못해도 제발 누군가는 꼭 그리해주길, 또는 그리 말아주길 간절히 기원한다. 그래서 때론 생면부지의 그 누군가를 열심히 격려하고 응원하기에 신바람 난다. 그것이 바로 제 안에 있는 선이요 정의라고 믿고 싶어 하는 것이다. 제발, 제발- 세상이 아무리 뒤죽박죽이 되어도 제가 속한 세계의 그 어느 구석엔가에 참으로 믿고 추앙할 만한 단 한 사람만 있으면 왠지 세상이 부지될 것만 같다. 믿고 따를 만한 사람이 없다는 것은 그대로 암흑 세상을 의미하는 것이다.

그런데 그렇게도 끈질기게 희망을 접을 줄 몰랐던 이 땅의 민초들은 지금 비록 고단백의 식단으로도 입맛이 깔깔하기만 하다. 이게 어디 사람 사는 세상이던가.

산지옥이란 굶주린 또는 참살당한 시체 더미를 이름이 아니다. 그렇도록 만든 악한 마음들 때문이다. 마더 테레사가 그렇게 말했다. 세상에 가난한 사람들이 있어 슬픈 게 아니라 가난한 사람을 보고도 아무렇지 않아 하는 마음들이 있어 슬프다고. 모두 서로 손에 손잡고 열심히 먹이를 찾아보면 세상엔 아직도 먹을 것이 얼마든지 널려 있는 데야….

지금은 어느덧 역사 속으로 묻혀버린 꿈같은 얘기가 돼버렸지만 돌이켜보면 그 암울했던 군벌 시대에도 이 백성에겐 분명 가슴 뭉클한 희망의 세월이 있었었다. 그 어떤 회유와 핍박에도 굴하지 않고 목숨 걸고 오직 민족의 내일을 염려하던 지도자가 있었기 때문이다.

온 국민이 가슴 졸이며 주문처럼 외우던 그 이름 석 자는 그 어디에도 흔적조차 내비치지도 않다가 느닷없이 80년 서울의 봄바람에 그 베일 속의 주인공 사진이 갑자기 신문에 떠오르자 국민들은 자못 황홀한 꿈을 꾸는 듯싶었다. 그렇다. 이 백성이 그 질곡의 세월을 견딜 수 있었던 것은 오로지 신화처럼 등장할 《정감록》의 정도령을 학수고대하는 힘이었을 것이다. 마치 메시아를 기다리던 이스라엘 백성들처럼 말이다. 이스라엘은 메시아가 실제로 오셨으나 그를 알아보지 못하고 십자가에 매달았지만 그래도 이 백성은 기특하게도 그의 날을 부푼 기대 속에 기다려주었다. 아무리 인간이 인간이기를 포기하는 세태가 되어도 혹시 그가 등극하면 모든 것이 다시 제자리를 찾으리라 이를 악물고 참아냈다.

이 백성의 연단을 위해서인지(사람들은 그렇게 믿고 싶어 했다.) 그의 때는 정말 어지간히도 어렵고 더디 왔다. 그날을 위해 천하보다 귀한 목숨들이 얼마나 많이 꽃잎처럼 떨어져갔던고! 그래도 그때까지만 해도 이 백성에겐 희망이 있어 좋았고 세상은 얼마든지 아름다웠다.

(정의는 그렇게 지켜지는 것이거니-

진리는 그렇게 사는 것이거니-)

내가 어렸을 때 나의 어머니로부터 들은 얘기다.

한 노모에게 두 아들이 있었다. 함께 사는 장남은 대농으로 잘 살았으나 젊어서 좀 정신을 못 차린 차남은 찢어지게 가난했다. 엎친 데 덮친 격으로 홍부네처럼 애들만 줄줄이 사탕이었다. 그런데 또 그 자부가 만삭이 되었으니 노모는 시름에 도무지 잠을 이루지 못했다. 그러나 장남은 그런 노모의 심중 따위는 아랑곳 없었다.

"독한 놈! 얼마나… 저만 잘살려고…."

노모는 자부의 해산일이 다가오는 것이 목을 조여오듯 애가 탔다. 그날 밤도 먼동이 훤히 트일 때까지 애꿎은 담뱃대만 두들기고 있었다.

그러자 곳간 쪽에서 무슨 기척이 났다. 화닥닥 노모는 봉창 문을 열어젖혔다.

"누구요!"

"예. 접니다, 어머니. 제수씨가 산고 들었다잖여요."

장남이 곳간에서 동생네를 위해 쌀가마니를 실어내고 있었던 것이다. 그리고 잠시 후, 이태조 등극을 알리는 외침 소리가 잇따라 들렸다.

내가 이 얘기를 들은 것은 초등학교 저학년 때의 일이다. 그리고 오랜 세월 나는 이 안에 숨어 있는 의미를 찾아 꽤 애를 썼다. 과연 어머니는 이 이야기가 뜻하는 바를 알고 하신 것이었을까? 나는 그것이 못내 궁금했었다. 범상한 촌부가 이해하기엔 엄청 어려운 문제였으니까.

그러나 지금도 그때의 장면이 눈에 선하다. 어머니는 분명히 그 의미를 아셨고, 아니 눈물 글썽한 눈으로 누워 있는 나를 빤히 내려다보시며 이태조 등극을 알리는 외침을 흉내 내던 그 인상적인 모습은 행여 내가 그 대목을 흘릴까 봐 오히려 강조하시는 것으로 기억되고 있다.

나는 자라면서 사람의 마음이 꼭 제 뜻대로만 움직여지지 않는다는 것을 배웠다. 우리가 원하는 일은 너무 제약이 많고, 엉뚱하게 원치 않는 일을 하게 될 때도 많다는 것을.

'왜? 왜?……'

내 안에 있는 두 존재의 싸움, 내 밖에 있는 두 세력의 끊임없는 알력과 갈등 때문에. 그리고 무엇보다 걷잡을 수 없는 이 물결의 총체적 흐름은 그 어떤 제3의 힘이 아니고선 도저히 제어가 불가능하게 된다는 것을 말이다. 나도 우주도 주관자가 따로 있다는 것을 믿지 않을 수 없는 소이(所以)다.

고려 말 나라가 흉흉할 때 백성들의 마음이 순리대로 흐를 수 없었다는 것은 자명한 일이다. 그 '독'한 장남의 마음이 그토록 유해진 것은 이미 세상이 변했다는 것을 의미하고 있었다. 그리고 사람은 그렇게 변할 수도 있는 것이라고. (나쁘게 변한 사람이 어찌 좋게는 변할 수 없으랴.) 그러니 이 혼탁한 세대의 희망은 오직 이 땅에 정도령이 나타나주길 고대하는 것뿐이었다.

드디어 어렵사리, 실로 어렵사리 DJ의 날은 오고야 말았다. 일시에 한판 소나기라도 지나가주면 뿌연 시야가 한결 맑아지리라 기대하는 순진한 백성들도 많았다.

민초들이 그에게 주문한 것은 당장 이 나라를 1등 경제 대국으로 만들어내라는 것이 아니었다. 그들은 그냥 무작정 변화를 갈망했을 뿐이다. 좌우지간, 어쨌든, 무조건, 지금까지와는 뭔가 다른 세계- 꼭, 반드시, 그 세계를 열어야 한다고 다그쳤다. 시대가 영웅을 만들면 그 영웅은 마땅히 그 시대를 바로 이끌어가야 할 사명이 있는 거라고-.

시간은 흐르고 어인 영문인지 탁류는 더욱 소용돌이쳤다. 아아- 이런이라니! 유행어대로 본래 기록은 깨지라고 있고 기대는 으레 빗나가도 무방한 것이던가. 나는 지금 그의 시책이나 치적을 운위할 맘은 전혀 없다. 평가야 훗날 역사가 하겠지만 무엇보다 안타깝고 절통한 것은 그는 적어도 이 백성이 그토록 고대하던 정도령은 아니었다는 것이다. 목숨까지 내놓았던 호남 사람들의 저 분노는 저들이 그저 아무런 혜택도 받지 못했다는 보상 만족의 차원이 아니다. 지금의 호남 사람들의 자괴감은 YS를 찍어준 손가락을 자르고 싶다던 영남 사람들과 결코 같은 얘기가 아니란 말이다.

하긴 어쩌면 이 백성이 그에게 건 기대 자체가 무리였는지 모른다. 너무 갈급한 백성들이 스스로를 속인 것일 뿐 굳이 그의 탓일 수는 없겠다. 그렇지만 IMF를 무난히 극복하고 한국 역사상 최초의 노벨상으로 그만큼 국위를 선양해주었으면 정치가로서 넘치는 평점일 텐데도 이 백성은 왜 그다지도 그가 성에 차질 않는가. 아마 어쩌면 DJ 자신도 유난히 자기에게만 가혹한 백성들이 원망스러웠을는지도 모른다.

지금도 내가 궁금하고 또 흥미로운 것은 대관절 누가 가르치고 시켰기에 어쩌자고 한낱 정치가에게 한사코 정도령이 되라고 그렇듯 종주먹을 댔느냔 말이다.

박정희기념관 운운으로 그가 스스로의 정체성마저 부인했을 때, 아둔한 민초들은 그제야 하나둘 돌아서기 시작했다. 허탈! 아 참, 허탈이란 단어가 있었구나. 그리고 그다음은 분노였다. 그가 정도령이 아닌 것은 물론 그의 죄가 아니었다.

안쓰러울손 민초들이여! 자, 그러니 이제 어이 할꼬! 이 고초를 이기도록 우리가 사랑할 만한 그 '누군가'는 정녕 영영 나타나주지 않는 것일까?

그런데… 나는 어느 날 갑자기, 그야말로 별안간, 이 안쓰러운 민초들이 허탈 중에도 어느새 다시 노 씨라는 젊은이에게 포커스를 맞추고 있구나- 느꼈다. 또 속더라도 희망을 갖는다는 건 절망하고 있는 것보다야 만 번 나으니까 나도 박수를 보내고 싶다.

나는 물론 이 나라를 지구상의 그 어떤 나라보다 뜻 가운데서 사랑하시는 역사의 주관자께서 반드시 그 누군가를 보내주시리라 확신하지만 내겐 요즘 전에 없던 기우가 생겼다. 이젠 오게 될, 와야 할 그 누군가가 문제가 아니라 왠지 맞이할 자들이 더 문제인 것 같아서 말이다. 메시아가 오셨는데도 자기 메시아를 제 손으로 십자가에 못 박았던 저 이스라엘의 역사를 도무지 씻어버릴 수가 없는 것이다.

뭐, 예수님은 성경을 이루시기 위해서였지만 이젠 아니라고? 허! 꿈도 야무지셔. 설마 어느 개인에게 뭘 기대하고 짐 지워도 좋을 만큼 그때보다 지금이 더 태평성대라고 착각한 건 아니겠지? 사람을 나무 위에 올려놓고 걸핏하면 팽나무 흔들 듯이 흔들어대기 챔피언, 길목마다 덫을 쳐놓고 숨어서 기다리는 야비하고 악랄한 이 땅의 저 바리새인과 사두개인들을 어찌하고 말인가.

정말이지 요즘은 TV 켜기가 무섭다. 아무도 본심을 알아보기 힘든 세상-. 보릿고개에도 정녕 이렇진 않았었는데…. 사람들이 벌겋게 꼭 독이 올라 있는 것 같다. 그러니까 결국 물질의 풍요나 교육의 열정만으론 결코 인간을 바로 세우지는 못한다는 결론인가.

다시 원점으로 되돌아온 셈인데, 이렇듯 천륜과 인륜이 땅에 떨어져 사람으로선 도저히 속수무책인 한계에 다다른 세대엔 반드시 전능자가 개입하신다. (지으신 이의 책임이니까?)

그러니 사랑하는 민초들이여! 길은 한 가지뿐, 우리, 조금만 더 참고 기다리자. 이렇게 간절히 그날을 기다리는 무리가 있는 한은 아직 끝은 아니다. 차마 이리 안쓰러운 우리를 어찌 눈을 만드신 이께서 보시고 귀를 만드신 이께서 듣지 아니하시겠는가.

우리, 더 기도하자. 더 땀을 바치자.

사람이 사람답게 살 수 있는 나라

동북아의 중심지
동방예의지국
동방의 등불
고요한 아침의 나라
금수강산으로
천혜의 그것들을 우리 모두 온전히 '누리며' 살 수 있는 그 나라
의 회복을 위하여!!

알아야 면장을 하지

초등학교 5학년 때였던가.

2년 선배 언니가 목포로 유학 나간 그해 여름 방학 때,

멋진 세일러 교복을 입고 나타나 꼬부랑 영어를 갈기는데

와- 부러워라!

그 선배의 동생이 내 친구였고

어느새 그도 언니랑 한패가 되어 쌍나팔로 씨부렁거렸다.

"홧 디즈 유어 네임?"

"홧 디즈 유어 네임?"

이번엔 샘이 아니라 괜히 심통이 났다.

"그래, 어디 내 이름이 김유심이라고 말해 봐!"

"마이 네임 이즈 킴-유-심-."

"영어로, 영어로오!"

"글쎄, 영어로야."

"아니, 그건 방칸 제틀(방 가운데 재떨이)이잖아. 김유심은 우리 말이고, 영어로, 영어로 뭐라고 있을 거 아냐."

내가 하도 완강하니까 그 언니는 좀 멈칫했다.

"피이- 그러면 그렇지. 어떻게 벌써 거기까지 갔을라고-. 나도 모르는데……."

아무 데나 대가리만 처박고 궁둥이는 하늘로 치켜든 채 "나 찾아봐-라-"는 비단 어린애들 놀이만이 아니었다.

광속(光速)이라도 앞지르는 나의 오만을 회개하라고 주님은 날 이리 고단하게 두시나 보다.

도서관이 문을 닫거나 은행 용무가 있는 날은 가까이 있는 교보 문고에 잘 들린다. 도서관만큼이야 못하지만 모두들 책 읽는 모습이 썩 보기 좋다.

어느 날, 책상 차지를 못 하고 소파에 앉아 있자니 일단 주위 구경부터 할 수밖에. 바로 곁의 처녀가 책 읽기에 열중하고 있었다.

'뭐지?……'

나는 염치 없이 목을 길게 빼고 과감하게 남의 책 표지를 들췄다.

《하마터면 열심히 살 뻔했다》

가슴이 쿵-했다. 책은 꽤 두꺼웠지만 소설이 아닌 게 분명했다. 제목 한번 상큼했다.

벌떡 일어나 책 진열대로 나갔다. 금세 베스트셀러 매대에서 책을 찾아냈다.

나는 당연히 소제목들을 한번 훑어보고 먼저 프롤로그와 에필로그를 차분히 읽었다. 요즘은 그런 책을 많이 못 읽지만 전혀 처음 듣는 작가의 오피니언(opinion)이었다.

몇 쪽을 보니 어머야! 어쩜 문투가 영락없이 나와 똑 닮았다. 농반진반의 김밥 옆구리 터지는 소리 같은 해학이 들락거렸다. 하… 그러니까 회사원이 특별한 계기도 없이 스스로 회사를 그만둔 소위 자생 프리랜서 탄생이었다. 무엇보다 그의 삶에 대한 관조가 그리 신선했다. 자칫 (하마터면) 뭐든 잘할 뻔한 것을 그냥 멈춰 선 것이다.

야아– 나는 정말 오랜만에 신났다.

(초판이 1년 새에 22쇄?)

하도 어리벙벙해서 주눅 들 것도 없었다.

문득 언젠가 내 책을 낸 출판사 사장님과의 해프닝이 떠오른다. 나는 사장님께 항의성 푸념을 했다. 책을 냈으면 광고라도 좀 해줘야지, 도대체 무슨 책이 있는지 없는지 알 게 뭐냐고. (물론 안다고 다 읽어줄까만.) 그랬더니 사장님 왈, 길은 있단다. 내가 나라를 들썩하게 들었다 놓을 사고를 한번 크게 치면 된단다.

그냥 우스갯소리가 아니었다. 그 후, 나는 내내 그 사고 칠 방법만 궁리하고 있으니까.

내가 모르는 걸 내 친구가 알다니 나는 그래선 안 되는 줄 알았다.

내 책은 있는지 없는지도 모르는데 누군 1년에 22쇄라니…….

어느 것이 정상인가. 그것을 알기 위해 나는 앞으로 더 열심히 살아야 할 것 같다.

아차! 아까 수필집에 분명 "열심히 살면 지는 거다"란 단상(斷想)이 있었다. 동감이다. 그러나 너무 괘념치 말았으면 좋겠다. 반어법의 통곡이니까. 열심히 사는 사람일수록 기대에 부응하지 못한 자기 무능에의 자괴감이 있다. 차라리 얼렁뚱땅 적당히 살걸… 그렇듯 열심히, 열심히 살았거늘 고작 이 꼬라지라니…… 타인과의 비교는 어김없이 비참한 자학(自虐)의 반란을 부른다.

그러나 잠깐! 참으로 딱한지고! 수박 겉핥고서야 어찌 그 참맛을 알리오! 그대가 진정 그동안 열심히 살아온 걸 무위로 돌리지 않으려거든 이것만은 필히 알아두도록 당부해두겠다.

나는 확신하고 단언한다. 모든 계산은 다 맞게 돼 있는 게 진리라고. 열심히 한 대로든, 안 한 대로든, 언제 어디서라도 계산은 정확히 맞게 돼 있단 말이다. 다만 결산은 내가 하는 게 아니요 심판주가 하신다. 그리고 또 한 가지. 사람마다 그 결산의 시점이 다르다는 걸 반드시 유념해야겠다. 본래 화·복은 후대까지도 이월되니까.

그러니 너무 억울해하지 말고 그냥 그대로 끝까지 열심히 살라고 나는 지금 응원하고 있다.

걱정 마라. 계산은 절대 맞는다!

2

너 좋은 날 남도 좀 좋자

말, 말, 말……

세계 게으름뱅이 콘테스트에서 1등 한 사람의 주변으로부터 주최 측에 부당 판정의 이의가 제기되는 소동이 벌어졌다. 아무개가 1등이라니 말도 안 돼. 그가 얼마나 부지런한지는 밤에 잠도 안 자는 사람이라면 말 다했지 않느냔 것이다.

그랬더니 주최 측 대답이 일품이었다. 맞다. 그는 밤에 잠자는 것조차 귀찮아 안 잘 만큼 게으른 사람이라고.

양측 다 말이 되는 것도 같고 안 되는 것도 같고 알쏭달쏭하다. 도대체 뭐가 어쨌다는 말인가.

본래 말이란 주장하는 쪽이 맞게 되어 있다. 제 말이 맞다고 믿기에 주장하는 것이다. 그런데 재미있는 것은, 입장을 바꿔놓으면 그땐 또 아까 틀렸다고 거품 물던 상대의 주장을 금세 맞다고 제 것으로 떠든다. 그것이 말의 마력이라고 생각하는 모양이지만 그러나 아무리 열두 번 제 입장을 합리화, 정당화해도 말이 아닌 것은 아닌 것이다. 더더욱 착각은 무조건 우긴다고 말이 말 되는 것은 아니란 말이다.

자, 허탄한 객담은 그만두고, 오늘은 재미있는 말장난 하나를 한번 진지하게 다뤄보기로 한다.

시골 우리 동네에 나를 무척 귀애해주시던 썩 유식한 할아버지가 계셨다. 나를 데리고 낚시 다니기를 좋아하셨고 나도 기꺼이 따라다녔다. 중학교 이후엔 유학을 나갔으니 방학 때 만나면 꼭 나를 짓궂게 놀려댔다. 여고 때였을 것이다. 그 할아버지로부터 들은 참으로 인상적인 얘기가 있다. (나는 어렸을 적부터 아무것도 모르면서 어쩌자고 늘 교회 부근에서 맴돌았다.) 할아버지 왈, 예수쟁이들은 하나님을 아버지도 아버지, 아들도 아버지, 손자도 아버지라한다며 촌수도 모르는 순 불상놈들이라고 내게 눈을 찡긋했다.

'진짜 그러네.'

"맞아요, 할아버지. 맞다니까요. 예수쟁이는 높은 놈도 낮은 놈도, 위아래도 없는, 모두 무촌이에요. 다 똑같은 하나님의 자녀거든요."

성경적으로, 논리적으로, 말이 되거나 말거나 나는 일장 연설을 했다. 바로 그 '말'의 마력을 원용해야 했다. 어린 소견이지만 나는 그때 나름대로 나의 기독교 사상을 정립했던 것 같다. 지금 생각과 별 차이가 없는 것 보면 썩 대견했네.

초창기의 예수쟁이들은 뻔했다. 어디를 둘러봐야 위로라곤 받을 길이 없는 곤고한 계층이었다. 이 땅에선 숨통을 틀 수가 없어 헐떡거리는데 마침 교회라는 데가 있었다. 내가 결코 그 누구와 비길 수 없는 존귀한 존재라고 가르쳤다. 그래서 그 가슴 울렁이게 하는 상큼한 종소리를 따라 몰려들고 몰려들었다. 잘나고 도도한 분들은 예수쟁이만 보면 뭐라도 묻을까 싶고 재수 없어 했다.

나는 지금도 가끔 내로라하는 목 곧은 양반들이 어떻게 교회에 앉아 있는지 의아스러울 때가 있다. 그들이 어떻게 그 무지렁이 순 불상놈들과 한자리에 앉아 있을까 생각하다가 옳거니! 그것은 오로지 예수가 하나님의 아들이란 그 이유 하나 때문일 것이었다. 만약 예수가 천한 목수의 아들에서 그쳤다면 차마 절대로 거기 앉아 있지 않을 사람들이다. 그야 예수가 하나님의 아들로 우리의 구원을 보장한다는 그 사실이 아니라면 예수를 믿을 하등의 이유도 없을 터이니 적어도 논리적으론 옳은 말이다. 그러나 나는 아마 예수님이 하나님의 아들이 아니었더라도 틀림없이 믿었을 것이다. 석가도 공자도 마호메트도 추앙하는데 과연 예수님보다 더 훌륭한 분이 누구던가.

그런데 초창기의 그 무지렁이 예수쟁이들 가운덴 진짜 사람다운 참사람들이 있었고 그들은 이 백성의 희망이었다. 더욱 놀라운 건 그 몇몇 사람들만이 아니요, 예수쟁이가 되면 누구나 그와 비슷하게 달라져간다는 숨은 진리가 드러나게 된 것이다. 그러니까 누구라도 일단 예수는 믿고 볼 일이었다. 쪽박 들고 복 달라고 동냥질하러 교회 다닌다고 예수쟁이를 멸시했던 사람들, 정작 저들이 얼마나 무식쟁이인지는 곧 판명되었다.

오늘도 예수쟁이들은 우리 다 함께 기쁨과 평안을 누리는 무촌(無寸)의 복된 세상을 기원하며 산다. 그것이 곧 하나님의 뜻이요 그 나라와 그 의이기 때문이다. 민주주의의 모태가 기독교임은 설명하는 것이 오히려 새삼스러운 일일 것이다.

예수쟁이가 되면 자동적으로 잠자는 의식이 깨어나고 또한 고착된 의식의 개변이 일어나는 것은 지극히 자연스런 현상이다. 하늘에 계신 '우리' 아버지께서 기대하시는 너와 나의 새로운 공동체 의식, 국가관이 형성되는 것은 너무도 당연한 이치다. 믿음이 익으면 아무리 불학 무식자라도 괄목하게 놀라운 성장 발전이 뒤따름은 본래 하나님이 지혜와 지식의 근본이시기 때문이다.

흔히들 예수쟁이하곤 입씨름하지 말라고 농을 한다. 말로는 못 당한다고. 옳은 말이다. 다 옳으니까 못 당하게 되어 있는 것 아닌가. 그러나 예수쟁이들은 웬만하면 곧잘 져주는데, 그것은 지는 것이 이기는 것이라 배웠기 때문이다.

말, 말, 말······. 말이 없으면 인간의 역사는 사라진다. 하나님은 말씀으로 천지를 창조하시고 말씀으로 이를 운행하시오매 예수쟁이들은 결코 진리가 아닌 말장난을 즐기지 않는다. 촌수도 모르는 불상놈? 흐응- 생명의 근원도 모르면서 감히 촌수를 따지다니.

만인 제사장

70년대 강남 개발 붐을 타고 강북 본교회로부터 멀리 이사를 하고 보니 아무래도 교회 봉사가 전과 같지 않았다. 당시 양장점을 하는 친구 집을 아지트 삼아 친구들이 자주 모일 때였다. 하루는 초신자 친구가 자못 걱정스레 말하는 것이었다. 내 얘기를 들으면 조금 알겠는데 왠지 자기네 목사님 설교는 귀에 잘 들어오지 않는다는 것이었다. 그땐 교회 나가는 친구가 그리 많지 않았다.

옳다꾸나! 귀가 번쩍했다. (나는 한창 열심인 집사 때요 이듬해에 권사가 되었다.)

됐다! 가뜩이나 윗분께 죄송했는데 문득 나는 친구들을 모아 구역예배 식으로 예배를 드려야겠다는 구상이 떠오른 것이다.

반드시 친구가 아니라도 목포 출신이면 누구라도 가하다는 제법 구체적인 회원 규정까지 만들어 매주 목(木)요일을 예배일로 정했다. 이름은 목우(木友)선교회.

나중엔 버젓이 회관도 가지고 장학, 선교, 구제 등 그래도 흉내(?)는 다 내면서 장장 30년을 이어왔다. 정말이지 이것은 결코 사람의 힘만으론 도저히 할 수 없는 일이었다. 살기에도 바쁜 와중에 더더욱 그리 말도 많고 탈도 많은 친구들을 이끌고 어떻게 여기까지 올 수 있었는지 실로 불가사의한 노릇이 아닐 수 없었다. 그래서 나는 그사이 하나님의 뜻과 섭리란 과연 무엇인지를 조금은 알게 됐노라 고백하지 않을 수 없다.

특별히 한 가지 재미있었던 사실은, 마침 80년대 시점이 친구들 거의가 고3생(아니면 재수생)을 두고 있었고 수험생을 위한 기도를 빡세게 했었다. 불신자는 물론, 불교 신자 친구들까지 기도회만은 열심히 참석했다. 나중에 저들의 얘기. 우리끼리 기도하는 걸 곁에서 보고 있자니 공연히 자기네도 들썩거리더라나. 에이! 저도 모르게 우리 속에 들어와 앉아 있더란다. 당시 나는 입시생을 위한 기도회에 여기저기 불려 다니며 불을 붙였다. 내가 기도만 해주면 꼭 제 아이가 시험에 붙을 것만 같더라는 교인도 있었으니까. 내가 지금 뭘 자랑하자는 게 아니라 메뚜기도 한철이 있었다는 걸 말하고 있다. 그런데 지금은 왜 그런 기도를 못하는지 모르겠다. 기도는 결코 필요에 의해서 떼는 청구서가 아니라고 누누이 강조하면서 말이다. 지금 내가 누구에게 어떤 기도를 해주면 과연 그런 감격을 줄 수 있을까? 비록 육신은 후패해갈지라도 영은 날로 새로워질 수 있다고 배웠거늘……

나는 워낙 기록이 습관인 사람이라선지 비교적 소상한 그때의 예배일지가 남아 있다. 그날 말씀의 개요와 출석 인원 명단이 적혀 있다. 과연 그 한 시간을 무슨 말로 어떻게 엮어 채웠는지 지금 와서 다 알 수야 없지만 내가 읽으면서도 입이 딱 벌어지는 놀라운 것들이 많아 신통하기만 하다. 이 좋은 테마를 친구들이 제대로 소화했을지 궁금하다.

오늘은 같은 테마를 조금 다른 각도로 표현한 두 대목을 여기 소개한다.

〈우리의 부족을 감사함으로 시작하자〉

1981년 2월 28일 木. 첫 예배.

우리가 부족했기 때문에 하나님을 필요로 했고 하나님은 우리를 돌보시고 지키시니 어찌 그 부족을 감사치 않으리오! 우리의 부족은 결국 우리의 살길을 열어준 것이다.

그런데 여기 자칫 간과해선 안 될 문제가 있다. 어떤 부족이든 부족은 그 자체를 감사할 것은 못 될 것이다. 부족은 단순히 모자람이 아니요, 허물이요 죄를 말하기 때문이다. 여기 우리가 감사할 것은 스스로의 부족에 부끄러움을 알게 해주심에 대한 감사다. 같은 부족이라도 부족 앞에 아무런 부끄러움을 모른다면 그에겐 소망이 없다. 그것이 그대로 끝이 되고 말 것이기 때문이다.

자, 아담은 하나님이 금기하신 실과를 먹고 눈이 밝아져 벗은 것을 알고 부끄러워 무화과 잎으로 치마를 만들어 걸쳤다. 아마도 그때 하나님은 불현듯 인간을 구속하기로 작정하셨을 거라고 나는 생각해본다. 하나님은 바로 희생의 어린양(예수)의 가죽옷을 만들어 아담에게 입히셨고 그것은 곧 구원의 상징이었다.

같은 맥락이지만 나는 "수치만이 인간 구원의 가능성"이란 어느 시인의 말을 무척 좋아한다.

본문 시편 136편은 하나님께 무조건 모든 것을 감사하라는 것이다. 그러니까 오늘 내가 각별히 역설하고 싶은 것은 우리는 하나님께 감사하고 감사하고 또 감사할 것이로되 무엇보다 나의 부족에 '부끄러움을 알게 하심에의 감사'를 더하여 출발하자는 것이다. 할렐루야! 부디 끝까지 오늘의 이 감격으로!!

* * *

⟨부끄러워하며 살자⟩

1987년 6월 11일 (습 2:1-3)

"수치를 모르는 백성아 모일찌어다 모일찌어다······

여호와의 진노가 너희에게 임하기 전, 여호와의 분노의 날이

너희에게 이르기 전에 그리할찌어다······

너희는 여호와를 찾으며 공의와 겸손을 구하라

너희가 혹시 여호와의 분노의 날에 숨김을 얻으리라"

내가 어지간히 목이 터져라 외치던 요절이다. 정말 두렵고도 살맛 나는 말씀이다. 우선, 여호와의 분노의 날에 "혹시" 숨김을 얻을는지도 모르니까 솔깃하다. 물론 여호와를 찾아 공의와 겸손을 구하는 게 그리 쉬울 것 같지도 않지만 말이다. (웃음)

하나님은 '너희가 벌거벗은 수치를 알지 못하는도다' 탄식하신다. 수치를 알지 못하여 결국 멸망으로 끝나고 말 인생이 불쌍하다 못해 화가 나신 것이다. 그러니 "수치를 모르는 백성아" 일갈하신다. 곳곳에서 당신을 거역하는 자에겐 수치를 당하리라 저주하시고 당신의 백성에겐 '결코 수치를 당치 아니하리라'라고 약속하신다. 정녕 하나님의 수많은 약속 중에 이보다 더 크고 귀한 축복의 약속이 무엇이던가. (귀 있는 자는 들을 지어다.)

사람과 짐승의 차이는 미안함과 고마움과 부끄러움, 딱 이 세 가지를 아는 것과 모르는 것일 뿐이란다. 사람들은 그래도 미안함과 고마움에 대해선 대체로 무게를 두는 것 같으나 부끄러움에 대해선 그리 일반화되어 있지 못한 듯하다. 세상엔 부끄러움을 모르는 파렴치한들이 너무 많다. 하나님 앞엔 잘못을 행한 것이 문제가 아니라 잘못하고도 스스로 부끄러워할 줄 모르는 것이 지금 문제가 되고 있는 것이다.

그러니 우리가 하나님 앞에 부끄러워하며 사는 것은 마땅한 도리다. 그것이 하나님을 얼마나 기쁘시게 해드리는 일인지 모른다. 그리고 또한 그것이야말로 바로 내가 사는 길인 것이다.

명강의

I

어느 날 이웃에 사는 집사님이 놀러와서 널려 있는 원고를 곁눈질하더니,

"선무가 뭐예요?"

했다. 사람이 썩 영명해서 내가 귀애하는 집사님이었다.

"선무가 선무지 뭐긴 뭐야."

"……."

내가 너무 건조했나 싶어 무안할까 봐 고개를 약간 갸웃하며 다정하게

"거기 한자 달아놨을 텐데?"

"글쎄, 좀 생소해서요."

"전혀! 아아주, 아니 너무 익숙하지."

"에?"

"그럼… 급선무는 어때?"

"아!"

그녀는 입을 딱 벌렸다. 그렇게 자주 쓰는 단어가 '급' 자 하나 뺐다고 생판 모르는 단어가 되어버리다니.

나는 하던 일을 잠시 멈추고 정색해서 말했다.

"그거 분명 조어 아니거든. 그러게 뭘 꼭 들입다 판다고만 능사는 아니란 말이지. 때로 머리를 위아래, 좌우로, 한번 가볍게 흔들어주는 것도 한 방법이라구. 그때 의외로 쉬운 해답이 튀어나오는 경우가 있으니까 말야. 인생도 너무 꼬장꼬장하다간 자칫 더 얽히기만 할라."

나는 장난스레 씨익 웃었다.

"와아! 대박이다!"

그녀는 몹시 기분 좋아라 했다.

II

국어사전엔 '식구: 한집에서 같이 살며 끼니를 함께하는 사람'이라 나와 있다.

더 줄여 흔히 '한솥밥 먹는 사람'으로 통용된다.

오늘 나는 더 줄여 '밥 먹는 입'[食口]이 가장 정직한 표현이라 정의하겠다.

주말이면 아래층에 사는 아들네와 식사를 함께하는데, 매번 꼭 식사를 다 차려놓고 며느리가 전화를 하면 그제야 아들과 손자놈이 올라온다.

밥을 먹고 여자들의 뒤치다꺼리가 끝난 한참 후까지 두 남자는 따로따로 TV 하나씩을 차지하곤 내내 꿀 먹은 벙어리다. 해도 해도 너무한다.

엄마의 심통이 꿈틀한다. 후식이 끝나자,

"자, 밥 먹었으니 이제 식구는 그만 가라! 우리 가족끼리 얘기나 할란다."

그래도 속은 있는지 아들이 피식 웃는다. '가족'과 '식구'는 결코 동의어가 아니라는 엄마의 명강의는 아들에 대한 엄마의 불편한 심기 표시로 모두 알아듣고 있다. 글쎄, 아들은 분명 내 아들인데 어째서 남의 딸과 더 많이 얘기하게 되는지 세상엔 이치에 맞지 않는 일이 너무 많다.

다른 집 사정도 얼추 비슷하단다. 아마도 남자란 동물은, 입이 밥과 술만 먹는 기관일 뿐 사랑을 노래하고 진리를 설파하는 기관이란 걸 모르는 모양인가.

III

아래층에 사는 둘째네 손주가 초등학교에 입학을 했다. 미션 스쿨이라 어렸을 때부터 신앙 교육을 제대로 시키는 것 같아 나는 한결 마음이 흐뭇했다. 그런데 명문 사립이랍시고 혹 애가 기죽지 않을까 좀 켕겼지만 친구들과 그럭저럭 잘 어울리는 것 같았다.

며느리를 통해 들은 재미있는 이야기.

어느 날 애가 친구들에게 이렇게 자랑을 하더란다.

우리 할머니는 학생들에게 장학금도 주고 책도 쓰시고 빌딩도 있고 무지 부자라고-.

'저런! 얼마나 주눅이 들었으면 이 말라빠진 할미를 다 업을꼬!'

콧등이 시큰했다.

나는 큰소리로,

"그래 그래, 자알 했다. 할미가 무지무지 부자 재벌이락 해라. 까짓거 누가 통장 조사 나올라구. 하…."

우리는 배꼽을 쥐고 웃었다.

그런데 그 애가 어느새 중학생이 되었다.

아이의 할머니 자랑은 이렇게 변했다. 우리 할머니는 책도 쓰시고 학생들에게 장학금을 주는 훌륭한 분이시라고. 누가 시키지도 않았는데 빌딩, 돈 얘기가 싹 빠졌다. 무엇보다 아이는 할머니의 장학 사업을 진심으로 자랑스러워하고 있었다.

어느 예배 시간에 나는 이 이야기를 했다.

"그것이 소위 성장이라는 겁니다, 여러분! 무생명체는 언제나 그 자리 그대로지만 생명체는 성장하고 발전하는 것이 본분입니다. 아니면 퇴화, 궤멸이 있을 뿐입니다. 초등학생에서 고작 중학생이 되었는데도 아이가 이렇게 달라졌는데, 어떻게 된 게 요즘

보면 돈, 돈… 지위, 권력 등을 덕지덕지 써 붙이고 목에 힘을 주는 재미로 사는 사람들로 눈이 몸살을 해야 하다니 우울하기 짝이 없습니다. 너무 성장 발전하려다 그만 웃자라버리기도 합니다. 웃자라는 게 결코 바람직스런 성장이 아니란 거 잘 아시죠. 무엇보다 인간이란 생명체는 성숙을 위한 성장이 아니면 안 됩니다. 그것이 하나님의 궁극 목적이니까요.

자, 나는 더 이상 결론을 부연도 강조도 하지 않겠습니다. 하나님이 여러분에게 무엇을 기대하시는지 자문해보시기 바랍니다."

기분 좋은 사람

I

빌딩 가지고 있는 친구가 걸핏하면 입버릇처럼 하던 말이다.

"형! 집세는 뭐 아무나 받아먹는대?"

저도 못해서 사람을 두고 있는데, 물렁죽인 내가 애 좀 먹을 거라고.

"그거야 피차 계약대로 하면 될 거 아냐?"

"저거 봐! 하나 마나 한 소리. 호호….'

나야 많지도 않은 서너 개 물건인데 복잡할 게 뭐 있으랴 싶었고 다행히도 임차인이 애먹인 일은 한 군데도 없었다.

특히 지하상가 임차인은 사람이 어찌나 점잖은지 계약할 때 얼굴 보곤 전화 한번 오갈 일도 없었다. 문구 납품업자였는데 요즘 경기가 그래서 자기네도 소매를 해봐야겠다며 목 좋은 1층으로 나갈 작정이라고 전해왔다. 그리고 얼마 있다 그냥 가게를 비워둔 채 나갔다. 아무리 계약 만료 전이지만 집을 사용하지도 않는 데야 나는 서둘러 보증금을 마련해야 했다. 나는 그가 떠나는 게 왜 그리 서운한지 몰랐다.

은행에서 보증금을 부친 날, 나는 그에게 메시지를 넣었다.

입금했습니다.

사업 더욱 번창하시길 빕니다.

곧 답글이 왔다.

감사합니다.

건강하시길 바라겠습니다.

누가 봐도 지극히 사무적인 인사였지만 나는 가슴이 훈훈했다. 그에 대한 신뢰의 좋은 감정 탓인지 나는 자못 행복한 느낌이었다. 짤막한 단문이지만 글자 배열이나 맞춤법도 수준급이라 여겨졌다.

사람이 어떤 관계에서, 또는 일 처리에 이만큼 반듯하기도 그리 쉬운 게 아니다. 사람들은 너무 편하게만 살려고 한다. 제멋대로 대충대충 하다가 필요하면 그때 가서 있는 대로 변명이나 늘어놓는ㅡ. 딱 싫다.

나는 무조건 그이처럼 예절 반듯한 사람이 기분 좋다.

Ⅱ

큰아들이 나의 3집 출판 감사예배를 위해 귀국했다. 또 금방 돌아가야 하기 때문에 일정이 빠듯했다.

바로 다음 날 몇몇 친구들과의 모임이 있다고 책을 몇 권 가지고 나가는가 보았다. 그 일로 왔으니 엄마의 책을 친구들에게 돌리는 것도 인사일 듯싶었다.

그날 밤 아들이 돌아와서, 친구가 목사라고 자문을 구하는지 대학병원 의사 친구가 자기도 교회에 나가긴 나가는데 왠지 도무지 말씀이 믿기질 않는다고 고민을 토로하더란다. 무슨 일로 다음 날 미국엘 가게 됐노라 했다는데 바로 그다음 날이던가. 아들이 갑자기 제 핸드폰을 내 얼굴 앞에 바짝 디밀었다. 나는 몸을 뒤로 빼며,

"응? 뭐야? 뭔데?"

"읽어봐."

"뭔데에? 네가 읽어!"

아들이 읽었다.

"그 친구, 미국 간다는 그 친구야. 헴!

'무조건 믿기로 했다.

비행기 안에서 읽은 어머님의 책이 도움이 됐다.'"

아들도 싱글벙글했다. 나는 갑자기 골방에 강렬한 스포트라이트가 터진 듯 눈이 부셨다.

"와아- 진짜 살맛 난다!

하나님, 감사합니다, 감사합니다… 헛허…."

나는 공연히 헛웃음을 웃어댔다. 그동안 책으로 사람들로부터

여러 얘기를 들었지만, 이 경우는 좀 색달랐다.

나는 내 책에서 '무조건' 믿으라고 자주 역설했다. 그리고 그것이 가장 과학적이라는 나름대로의 지론을 강조했는데 역시 의사로서 과학적으로 수긍이 된 모양인가. (웃음)

아! 누가 이 기분을 이해할 수 있으랴!!

III

어느 날 낯선 전화 한 통이 걸려왔다.

"권사님, 안녕하세요? 저, ○○○예요."

"…?"

"어쩌나! 에이, 권사님, 절 잊으셨네. 저 잠실에서 기도 때문에 혼난…–."

"아! 안녕하세요? 그동안 잘 지내셨어요? …그런데 어떻게 제 전화를……."

"뜻이 있는 곳에 길이 있죠. 호호….."

돌아보면 모두가 그리운 추억들이다. 젊었을 적부터 예배를 많이 인도하다 보니, 에피소드가 많다.

그녀는 정말 사랑스런 여인이었다. 그때 내가 구역장이었고 그녀는 권찰로서 기도하라면 언제나 핑계를 댔다. 좀 심하다 싶어 하루는 질타성 훈육을 했다. 그래도 막무가내로 못 한다는 것이었다. 말이 안 되는 게 그녀는 성가대에서 주로 쏠로 파트로 오히려 대중 앞에 서는데 도통한 사람이었는데 교인이면 누구나 다 하는

기도를… 이해가 안 됐다. 그러니까 그녀는 이를테면 썩 완벽주의
자였다. 다른 것 다 잘하니 기도도 마땅히 잘해야 하는데 자신이
없었던 것이다.

　나는 처음엔 다 그러는 거라고 설득을 했다. 목사님이라고 어
디 댓번에 잘하셨을 것 같으냐, 뭐든 숙달이란 어디까지나 학습에
의해서 되는 것일 뿐 처음엔 누구나 그러는 거라고. 거 왜 기도 잘
하기로 소문난 아무개 권사님, 성가대 집사 때 처음 기도하라니까
앞줄 의자 밑으로 들어가 숨어 안 나왔던 거 당신도 알지 않느냐
며 아무리 어르고 달래도 요지부동이었다.

　그날은 그냥 지나고 다음 구역예배 때였다. ‘그만큼 했으면 됐
네.’ 오늘은 어떤 일이 있어도 요걸 꺾어놓고야 말겠다고 나는 작
심했다.

　“거 집사님 고집도 알아줘야겠네. 누구나 그렇게 시작하는 거
라 했잖어. 집사님은 권찰이야. 권사님도 안 계신데 구역장이 예
배 인도하면 여는 기도는 권찰이 좀 해줘야지. 집사님 뭐가 그리
대단해? 예배를 위해 한 번쯤 망신이라도 내놓으라고 하나님이
요구하신다면? 그래도 못 해?”

　순간, 그녀의 두 눈이 왕방울만 해지더니 반사적으로 무릎을 꿇
었다. 다급히

　“할게요!”

　그녀는 떠는 듯했다. 하나님이 원하시는데도 못할 만큼 네가 그
리 대단하냐는 말이 폭탄이 되어 떨어진 것이다. 당황하는 그 모

습이 어쩌면 그다지도 예뻐 보였던지 나는 와락 끌어안아주고 싶었다.

내가 다시 멀리 본교회로 돌아간 지 30년 세월이 훌쩍 지난 지금도 내 눈에 눈물이 고인다.

사람들은 하나같이 나름대로 믿음이 좋은 것 같다. 그러나 하나님 두려운 줄 아는 믿음만큼 귀한 믿음이 또 있을까?

의인은 없나니

사람들은 제게 남보다 좀 나은 게 있으면 천하가 제 것인 양 기고만장해 남을 우습게 보고 업신여긴다.

그러면서도 또 제가 남에게 그리 당하면 세상이 끝난 양 입에 거품을 물고 펄펄 뛰는 것이다.

나는 이 양태를 도무지 이해하질 못하겠다. 그만큼 뽐내고 유세 떨었으면 제가 좀 당해도 그러려니 해야 될 텐데 왜 그게 잘 안 되는 것일까?

내 아는 목사님 얘기.

그 교회를 개척해놓고 외국으로 이민 가신 장로님이 교회 소식이 궁금해 어느 날 인편을 보냈다.

그분은 목사님에게 "어려움이 많으시죠?"라고 의례적인 인사를 했고 목사님도 가볍게 장로들이 좀 고지식해서 그렇지 다 좋다

고 했다나. 그런데 에구머니나! 큰 문제가 생겨버렸다. 글쎄 "고지
식해서"가 "무식해서"로 둔갑을 한 소문은 날개를 달고 훨훨 날았
고 교회는 살판났다.

그 목사님, 장로들에게 볶이다 볶이다 결국 교회를 떠나고 말았다.

어느 날 친구들 모임에서.

한구석에서 좀 타시락거리는가 싶더니 점점 분위기가 심상찮
았다.

평소에 별로 말수가 적던 친구가 하얗게 질린 얼굴로 몹시 언짢
은 듯 내뱉었다.

"별 거지 같은 게 다 사람 속을 뒤집네."

아얏! 일 났네.

차마 다음 중계는 생략하고.

그 뒤 20년이 지난 지금도 그들은 앙숙으로 지낸다.

사실 "무식하게…" "거지같이…" 등은 흔히 일의 아귀가 어긋날
때, 그 말의 의미와 상관없이 그냥 감정의 불편함을 표출하는 모
션일 뿐이다. 그런데 문제는 그걸 받는 당사자가 그 말을 한 사람
보다 실제로 더 못 배웠거나 가난할 땐 영락없이 골치 아픈 결과
로 이어지고 만다는 사실이다.

세상에 난무하는 견디기 힘든 무수한 차별들-. 그 굴욕을 감당
하는 데 비명을 지르지 않을 사람이 누구랴.

심각한 문제지만 그러나 해법은 간단하다. 그러니 저부터 어떤 이유로든 사람을 차별하지 않으면 될 것. 그런데 행여 뒤질세라 저는 한술 더 뜨니 악순환이 계속되는 것 아닌가.

나는 빈부나 유무식의 차별은 그래도 어느 정도 합리적으로써 얼마든지 수용할 수 있는 명분도 없지 않다고 본다. 저들이 그것을 얻기 위해 다른 사람보다 더 많이 수고했을 것이 분명하니까. 그런 맛도 있어야 수고에의 보상이요 보람이 아니겠는가.

또 전매품이지만, 백 보를 양보해도 내가 수용할 수 없는 차별은 단연 남녀의 성차별이다. 그래, 남자들이 자기네가 남자로 태어나느라 특별히 뭘 더 애쓰고 수고한 거 있냐고요! (웃음)

사람은 누구나 저마다 자기만이 가지고 있는, 남보다 나은 것이 분명 있다. 또 나에겐 남이 가진 좋은 것이 없는 것도 많다. 그러니 새삼 목에 핏대 세우며 게거품 물고 평등을 외칠 것도 없고, 그저 피차 좀 역지사지 살피며 살라고 성경이 가르치고 있잖은가.

아무래도 이것이 가장 잘 안 되는 데가 정치판인 것 같다.

왕년에 여당 했던 양반들- 정말 앉아서 구경하기 몹시 민망스럽다. 그러게나! 철판 깔지 않고서야 그리 못 나오지. 꼭 자자손손 청백리에 정의의 투사 같다니까.

왕년에 야당 했던 양반들- 그렇게도 목숨 걸고 혐오하던 저쪽 사람들 짓을 그리 앵무새처럼 따라 외워야 하남?

세상에 없고 없나니

비록 불리할지라도 같은 이론을 제게도 적용하는 용사는
아무도, 하나도 없느니. 쯧쯔….

말에도 임자 있다

사람마다 그 말하는 스타일이 있다. 어려운 얘기도 쉽게 풀어 말하는 사람이 있는가 하면 아무것도 아닌 얘기를 꼭 논리적, 학적으로 어렵게 비틀어 말하는 사람이 있다.

또 아무 때나 짐짓 외래어를 섞어 사용함으로 자신의 지적 수준을 과시한다거나 남 따라 뜻도 모르는 문자를 흉내 내다가 발음이 틀려서 듣는 사람을 민망하게 하는 등 가지각색이다.

동냥자루도 제멋에 찬다는데 공연히 남의 일에 왈가왈부할 거야 없지만 나는 가까운 사람에게 이것만은 주의시킨다. 지금은 많이들 외국어에 능통하니 어설프게 외래어 나부랭이를 섞어봤댔자 도리어 촌스러울 뿐이지만, 그건 그렇다 치더라도 제발 뜻도 모르는 말을 남이 한다고 따라 하지 말라고 말이다. 참으로 이상한 건 외래어를 쓴다고 조금도 유식해 보이진 않는데 틀린 문자는 어쩌면 그렇게도 무식해 보이는지 모른다. 그러니 말을 할 땐 제가 확실히 아는 자신 있는 단어만 사용해야 한다.

-어느 에세이에서. 자기(저자)는 어째서 "정신일도 하사불성"(精神一到 何事不成)이 '정신을 일도하면 무엇이든 못 이룰 것이 없다'인지 알다가도 모르겠다고 했다. 정신을 일도해도 아무것도 되는 것이 없다가 아니냐고. 재미있는 지적이다. 그러게 말이다. 그런 게 어디 한두 가진가.

나는 〈골든벨〉 프로를 즐겨 보는데, 고작 두서너 자의 쉬운 한자에 대부분이 우수수 추풍낙엽인 걸 보고 참 기이하게까지 느껴졌다. 한 학교에서 마구잡이가 아니라 그래도 어떤 기준을 두고 선발했을 텐데, 몇 개 국어를 성어 단계라도 훑었을 고교생이 한자는 아예 구경도 못 해보았단 말인가. 그것도 한자 문화권의 민족으로서 말이다. 더 어이없는 건 쉽디쉬운 자기 이름자 '美'조차 틀리게 적은 학생이 있었다. 이것은 가르치고 말고의 문제가 아니다.

사람은 끊임없이 말하는 존재다. 반드시 신체 어느 기관을 통하지 않더라도 사람은 쉬지 않고 듣고 말한다. 그럴진대 어떤 형태로든 나름대로 언어 영역을 추구, 확장해가는 것은 본능이 아닐까? 그래서 숱한 조어가 생성되는 것이리라.

갑자기 재미있는 옛일이 생각난다.

내 머릿속엔 어렸을 때 코미디언 같은 동네 아저씨로부터 입력받은 문자 하나가 있다. 그 아저씨는 걸핏하면 그것을 잘 외우는

데, 그때마다 꼭 고개를 상모 돌리는 시늉을 하며 익살을 떨었다.

"차죽 피죽 하-거죽!

풍타지죽 낭타죽!"

나는 처음엔 무슨 죽 타령인가 했다. 그런데 자라면서 거기에 한자를 달아보게 되었다.

"此竹 彼竹 何去竹

風打之竹 浪打竹"

내 생각엔 풍 '타'가 아닌 것 같았지만, 그 아저씨가 어찌나 입을 크게 벌리고 "하-거죽" 하기에 '하'인 줄 알았는데, '화'(化)인 것 말고는 모두 원문 그대로였다. 바로 신라 시대의 부설거사의 〈팔죽시〉(八竹詩)였다.

　　　　　　이대로 저대로 되어가는 대로

　　　　　바람 부는 대로 물결치는 대로

그 아저씨처럼 낙천가들(아마도 나처럼 가방끈이 짧은)이 두고 쓰는 문자였다. (나중에 가방끈 긴 사람이 비슷하게 읊어놓은 것도 배우게 되었다. "이런들 어떠하며 저런들 어떠하리." 〈하여가〉라나.)

그렇다. 어쨌든 말이란 그렇게 앞으로 밀고 나가면서 사용하는 거다. 꿩 잡는 게 매라고

'Korea sixmoon rain many come'

(한국의　유월은　비가　많이　온다.)

'Go man go,　is　man　is'처럼 말은 일단 통하면 된다.

(갈　사람은 가고, 있을　사람은 있고.)

말을 꼭 어렵게 비튼다고 명언인 것은 아니다.

어디, 감히 공자님의 말솜씨를 좀 보자.

어느 날 제나라 경공이 어떻게 하면 태평성대가 되겠느냐고 물었다.

자 왈, "군군 신신 부부 자자(君君 臣臣 父父 子子)라."

임금은 임금답고 신하는 신하다우며 아비가 아비답고 아들이 아들다우면 된다고.

어느 고명하신 스님께서 또 이렇게 말했다.

"산은 산이요 물은 물이로다."

허유, 기가 막혀. 모두 하나 마나 한 소리들이 명언이란다. 그것을 범인이 말하면 달밤에 뭐 짖는 소리요 명인이 말하면 그게 바로 명언인 것이다. (억울하면 출세하라지.)

자, 여기 지금 우리가 한 가지 간과하고 있는 중요한 사실이 있다. 그것은 말에도 분명 임자가 있다는 것이다.

우리는 하찮은 말이 임자를 바로 만났을 때 명언이 되는 것을 보았다. 그렇다면 명언이 반드시 수식이 화려하거나 조리가 그럴싸해서만은 아니겠다. 사람들은 곧잘 그쪽으로 흉내를 내려 들지만 아무리 말이 세금 안 내는 만민 공용이라 해도 아무나 제멋대로 찍어다 붙여선 안 된다는 것이다.

자, 보자. 예배 시간만 되면 걱정이 태산인 어느 초임 목사가 어느 날 한국의 성자라는 한경직 목사님의 설교 원고를 숫제 한 글자도 틀리지 않게 외워가지고 단에 섰다. 그런데 성도들은 전혀 반응이 없었다. 자신의 제스처나 발성, 어감이 썩 우수하다고 인정받은 터인데, 어찌 된 노릇인지 무척 어리둥절했다.

그러나 하나도 어려울 것 없다. 세상엔 너무도 좋은 말들이 지천으로 널려 있지만 아무 때나 내가 쓴다고 해서 그것이 곧 내 말이 되는 것은 아니다. 왜냐하면 말은 분명코 임자가 따로 있기 때문이다. 다시 말해 그 좋은 말이 내 말이 되기 위해선 반드시 그만한 값을 지불해야 한다는 것이다. 상대는 그것이 그 사람 말인지 아닌지를 금방 알아차린다.

언젠가 어느 TV 대담에서 노무현 대통령에게, 뭐든 너무 척척 잘 넘기는 게 객쩍었던지 패널이 "대담의 달인"이라고 지칭하자 노통, 정색하며 자신이 그 말을 하기 위해 오랜 세월 얼마나 불이익을 감수하며 몸으로 막아냈는가를 치부해주지 않고 어찌 그리 가벼이 말재주쯤으로 여기느냐고 노골적으로 서운한 기색을 드러내 보이는 데 나는 전적으로 공감했다. 내가 지금 바로 그 얘길 하고 있는 것이다. 남은 피를 토하는데 그저 말재주로 받다니, 그런 사람은 틀림없이 평소에 남의 말을 제 맘대로 쉽게 끌어 쓰는 사람일 것이다.

요컨대, 그러니까 그 '네 것' '내 것'을 정확히 구별할 줄만 알면 된다. 구태여 출세하여 명인이 될 것까지도 없이 그냥 때에 맞는 내 말이 곧 명언인 것이다. '때에 맞는 내 말'이란 '그 시점'에 '마땅히' 내가 해야 할 말이겠다. (물론 그것은 어디까지나 내가 거짓 없이 양심의 지시대로 순종하고 있음을 전제로 하고 말이다.)

오늘날 세상이 이리 시끄러운 것도 아마도 그 네 말, 내 말이 번지수를 잘못 찾아 떠돌아다닌 탓이리라. 그러다 혹시 그 말의 임자가 서로 뒤바뀌기라도 할라치면 이 땅엔 한판 지진 풍파가 일어나고야 만다는 사실-.

사람은 그 입의 대답으로 말미암아 기쁨을 얻나니 때에 맞는 말이 얼마나 아름다운고(잠 15:23).

명문(名文)

굳이 말씀이 곧 생명임을 강조하지 않더라도 언어의 귀중성, 신비성을 운운한다는 건 새삼스러운 일일 것이다. 삼라만상, 희노애락을 설명할 도구가 과연 따로 뭐가 있을까?

어느 날 전철역에서 차를 기다리면서 나는 무심코 유리벽의 시를 습관적으로 웅얼거리다가 깜짝 놀라 하마터면 뒤로 나자빠질 뻔 했다. 시민공모작인 듯 〈아침이 오는 이유〉라는 제목이었다. 아침이 오는 이유는 깜박깜박 밤새 별들이 어둠을 다 주워 먹어버렸기 때문이란다.

나는 한참을 끙끙거리면서 몸을 가누지 못할 만큼 취해 있었다. 어떤 이는 그게 뭔데 웃긴다하겠지만 나는 갑자기 왜 내겐 저런 시심이 없을까 서글퍼졌다. 만약에 그때 그 작자가 곁에 있었다면 아마 나는 그를 꼬옥 끌어안았을 것이다.

그럼 이번엔 이와 정반대되는 멋탱이 없는 시 하나를 또 보자. (아마 이건 몹시 재미있을 것이다.)

노경에 어머니께서 돌아가셨다. 겁도 없지. 나는 감히 묘비문을 내가 짓고 그렇게 비석을 만들도록 지시했다. 배짱 한 번 특급이다.

〈주고 주고 또 주고 주기만 하다 간 여인 ○○○의 묘〉

언젠가 형제들이랑 모두 산에 갔을 때였다. 조카(언니 아들)가 느닷없이 큰 소리로 비문을 읽는다고 읽는 게 한바탕 난장판이 벌어졌다.

"주고 주고 또 주고 …… 주다가 만? …뭐여?" '주기만 하다'가 '주다가 만'으로 꼬인 것이다. 어찌나 모두 웃음보들이 터져 걷잡을 수 없었다. 세상에 어디서 이런 코미디를 구경할 수 있으랴.

이런 걸 비문이라고 떠들고 있는 내가 실망스러운 분도 계시겠지만 나는 지금도 이것이 썩 명문의 비문이라고 자찬하고 있다.

어느 부모라고 안그러랴만 우리 어머니는 진짜 비문 그대로의 분이셨다. 삼천만을 다 먹여 살리기라도 할 듯 퍼 주는데 소문났다. 우리 집엔 떡이야 당연하지만 고구마만 쪄도 누가 알리지도 않았는데도 금세 마당에 사람이 그득했다. 정말 귀신이 곡할 노릇이라고들 웃었다. 바로 그런 분위기에서 내가 자랐다. 맨날 남의 집 먹을 것 나르는 심부름만 하면서.

어느 날 또 어머니가 심부름을 시키셨다. 늘 얻어 먹는데만 이골이 난 듯한, 내가 별로해 하는 사람이어서 난 싫다고 했다. 어머니가 정색하시며

"왜?"

뭣 때문에 그런 사람들까지 꼭 줘야 하느냐며 난 짜증을 냈다. 어머니가 정색하시며 하시던 말씀.

"그렇게 먹는 거 가지고 차별하면 복 못 받어."

"……?"

나는 지금도 그 말이 내 귓가에서 아프게 맴돈다.

그럼 진짜 멋진 묘비문 하나를 소개할까. 언젠가 친구 남편이 소천했는데 묘비문 가지고 술렁였다. 내가 장난스레 이건 어떠냐고 읊었다. (웃음)

> 저가 이제 수고를 그치고 쉬리니
> 주 안에서 죽는 자는
> 복이 있도다(계14:13).

참으로 강한 것

그것이 비록 좋은 일일지라도
자기 의를 나타내기 위해
너무 잘하려는 욕심을 버리게 하소서

내가 하고 싶은 일의 형통을 위해서보다
마땅히 해야 할 일이 훼방받지 않도록 기도하게 하소서

가슴 벅찬 기쁨으로 할 수 있는 일을
하찮은 것이라 하여 소홀하지 말며
내게 유익한 것이라 하여
과도히 의미를 부여하지도 말게 하소서

요란한 바깥의 훤화에 신경 쓰느니
내 안의 양심으로부터 비웃음 소리를 듣지 않도록
조신(操身)하게 하소서
많이 받은 자에게 많이 찾으시는 당신의 결산 때
핑계하지 않게 하소서

비록 내가 받은 달란트는 적더라도
최선을 다함으로 당신께 영광을 돌리게 하소서

이상은 대충 평소에 내가 우리 아이들을 위해 드린 주된 기도문의 일부분이다.

아마 이것을 읽는 어떤 이는 사내자식들을 매카리(맥) 없이 너무 쪼잔하게 키운다고 늘 불만이던 애들 아빠와 같은 생각이 들지도 모르겠다. 그러나 그렇지 않다. 그것은 성경을 염세주의자나 현실도피자들이 선호하는 책이라고 말하는 것과 같은 유가 되겠다.

예부터 사형수에게도 성경은 선심으로 넣어주었었다. 이제 곧 죽을 테니 천국 꿈이나 꾸라는 다분히 비아냥을 내포한– 그것은 레지스탕스가 기독교 근본 사상이라는 걸 모르는 무지한 소치다. 사람이 산다는 것은 끊임없이 악에 저항하는 것이다. 목숨 걸고 악과 싸워 목숨을 지키는 기독교 정신이 매카리 없다니 나는 수용할 수 없다.

서당 개 3년이라고 우리 아이들은 위 기도문이 결코 매카리 없는 미문이 아니란 걸 누구보다 잘 알고 있다. 맨날 많이 받은 자에게 많이 찾으시고 많이 맡은 자에게 많이 달라시는 하나님(눅 12:48)으로 닦달해왔는데, 그리고 찬송은 으레 지정곡으로 '젊을 때 힘 다하라'(새찬송가 575장)만 부르게 하던 엄마가 무엇을 요구하고 있는지를.

사람들은 성경을 너무 쉽게 저 편할 대로 받아들이는 것 같다. 가령 속옷을 달라면 겉옷까지, 5리를 가라면 10리까지 가주라는, 계산 말고 후하게 베풀라는 사랑을 강조한 것에 틀림없지만, 오른뺨을 치거든 왼뺨도 돌려 대라는 것도 맞서 싸우지 말라는 것이지만 그렇다고 모두 거덜 내고 맞아 죽으라는 말이겠는가. 오히려 선수(先手) 치는 제어 전략이 그 안에 있음을 왜 보지 못한단 말인가. 원수가 주릴 때 먹이고 벗었을 때 입히는 것이 그 머리 위에 숯불을 얹어놓은 것과 같다는 것을(잠 25:21-22).

발가벗겨 칼로 찌르고 몽둥이로 패야만 통쾌한 복수라고 생각하는 사람에겐 지금 내 말이 시답잖겠지만 성경의 대응은 모두 보다 고차원적인, 오히려 극치의 술수가 된다는 것도 알았으면 한다.

또 이것은 어떤가. 회당에서 상좌에 앉지 말라는—.

그래 자기 자녀가 어느 으슥한 구석에서 웅크리고 있어야만 직성이 풀리는 부모도 있단 말인가. 제 자리도 아닌데 거드름 피우다가 자리 임자가 나타나자 쫓겨 내려앉는 민망한 꼬락서니를 보이지 말라는 것이다.

그런데 사람들은 거의가 이렇게 말한다. 그동안이라도 좋은 자리 앉아봤으니 그게 어디냐고. 맙소사!

나는 다만 우리 아이들이 그렇듯 치졸한 인간이 되지 말기를 바랄 따름이다.

가장 강한 것은 남을 넘어뜨리는 것이 아니라 내가 넘어지지 않는 것이다.

분수 안에 있는 복

전문가의 말에 의하면 사람은 어떤 변화에도 적응할 수 있도록 구조돼 있단다. 앉아서 생각으론 도저히 불가능할 것 같지만, 그러나 막상 누구나 당하면 그렇지 않다는 것이다. 가령 "난 그것은 절대로 못해" 하지만, 그러나 막다른 골목에선 그게 얼마든지 된다는 말이다. 그러니까 인간의 몸은 환경이 바뀌면 잽싸게 거기에 대응하는 태세로 착 바뀐다고.

나는 젊었을 적부터 신경성 위장병으로 오랫동안 고생해왔는데, 그때 의사 선생님의 농담. 이런 사람은 연애를 하면 좋다고. 무엇엔가 빠지거나 미치면 된단다. 남은 몹시 고통스러운데 히죽히죽─ 병도 아닌 걸 그런다고 애 아빠더러 너무 받자 해주지 말란다. 버릇만 나빠진다나.

'무슨 의사가 저래?'

그런데 금세 또 자기 스스로 정정한다.

"흠, 하긴 너무 안 받아줘도 또 그게 병 되지."

차트에 뭐라고 적으면서 또 덧붙인다.

"이런 약 너무 의지하지 말아요. 군대 가면 오늘로 당장 낫는다!"

"……?"

갑자기 내 눈이 확 뜨였다. 물론 모든 케이스가 꼭 다 그런 것은 아니더라도 썩 일리 있지 싶다.

그런데 또 한편 요즘 세태를 돌아보면 어쩌면 그것은 자다가 봉창 트는 소리일는지 모르겠다. 그러게! 신용 불량자가 몇백만으로 이 나라 금융 시장이 당장 무너지기라도 할 것처럼 겁박하지만 그 정도야 차라리 약과요 왼눈 하나 깜짝하지 않고 네 활개 휘저으며 큰소리치는 도둑님 왕초들이 그 몇 곱은 될 터이고 보면 말이다. 그러니 분수에 적응해야 할 그 생체론은 어찌 된 셈판이던가.

내가 무엇보다 앞의 생체론을 진리라 신봉하는 이유는 우선 나 자신을 미루어서이다. 나는 가령, 철 이른 과일이 비쌀 즈음엔 먹고 싶은 생각이 싹 가셔버린다. 한창 출하기가 돼야 슬며시 먹고 싶어지는데 그땐 값이 싸졌기 때문이다. 평소에 아무리 내가 좋아하는 것이라도 내게 돈이 없으면 갑자기 흥미가 뚝 떨어져버린다. 참으로 편리한 체질이라고 코웃음 치는 이도 있겠지만 맞다. 이건 그저 꾸며낸 얘기가 아니라 사실이며 (나는 늘 나의 그 점을 하나님께 감사드리지만) 결국 모든 설거지는 내가 해야 하는데 그땐 그 누구

도 날 도와주지 않는다는 사실을 겁내고 있을 뿐이란 것, 그 이상
도 그 이하도 아니다.

물론 모든 사람이 다 나 같으라는 법도 없겠고 또 그럴 수도 없
다는 걸 모르지 않으면서도, 그래서 나는 제 것 없으면 말지 무작
정 입맛대로 어질러놓는 사람을 가장 이해하기가 힘들다. 특히 믿
음이 좋아서 걸핏하면 하나님이 주실 거라며 닥치는 대로 일 벌이
는 사람을 부러워해야 할지 말지, 때론 난감할 때가 있다.

자, 원인 없는 결과는 없을 터. 내가 왜 이다지 옹졸한 인간이 되
고 말았는지, 심심한 김에 어디 어렸을 때 배웠던《명심보감》이나
읊어볼까나.

입교편(立敎篇).

무왕이 태공에게 물었다.

"사람이 세상에 살아감에 있어 어찌하여 귀천과 빈부가 고르지
않습니까?"

태공이 말하기를,

"부귀라는 것은 성인(聖人)의 덕과 같아서 모두가 천명으로 말
미암아 얻어지는 것인데, 부자는 씀씀이가 절도가 있고 가난한 자
는 집에 열 가지 도둑이 있기 때문입니다."

무왕이 다시 물었다.

"열 가지 도둑이 무엇입니까?"

태공 왈,

"곡식이 익은 것을 제때에 거둬들이지 않는 것이 첫째 도둑이요, 거두어 쌓는 것을 마치지 않는 것이 둘째 도둑이며,

셋째, 할 일 없이 등불을 켜놓고 자는 것,

넷째, 게을러서 밭갈이를 하지 않는 것,

다섯째, 공력을 들이지 않고 공짜를 바라는 것,

여섯째, 교활하고 해로운 일만 하는 것,

일곱째, 딸을 너무 많이 기른 것(비생산적),

여덟째, 낮잠이나 자고 아침에 늦게 일어나는 것,

아홉째, 술을 탐하고 환락을 즐기는 것,

열째, 심히 남을 시기 질투 하는 것입니다."

무왕이 또 물었다.

"집안에 십도(十盜)가 없는데도 빈곤한 것은 어째서입니까?"

태공 왈,

"그런 사람의 집엔 반드시 세 가지 소모가 있을 것입니다."

무왕이 다시 그 삼모(三耗)를 물었다.

태공 왈,

"위 일모, 창고가 새는데도 덮고 막지를 않아 쥐와 새들이 곡식을 마구 먹어버리는 것,

위 이모, 수확을 거두고 씨 뿌림에 때를 놓치는 것,

위 삼모, 곡식을 땅에 퍼 흘려 더럽히고 천하게 함부로 다루는 것."

"집에 삼모가 없는데도 빈곤한 것은요?"

태공이 답했다. 그것은 반드시 열 가지 나쁜 것 때문이며 그것이 스스로 화를 불러들인 것이지, 결코 하늘의 재앙이 아니라고.

무왕이 다시 그 열 가지 나쁜 것을 자세히 알려주십사고 간청했다.

태공 왈,

"자식을 낳아 기르기만 하고 교육을 시키지 않는 것이 첫 번째 일을 그르침이요(錯),

둘째, 어릴 때부터 교훈하지 않는 것이 잘못이며(誤),

셋째, 처음에 새색시를 맞았을 때 엄하게 가르치지 않는 것이 미련한 짓이며(痴),

넷째, 남이 말하기 전에 먼저 웃음으로 웃는 것이 과실이요(失),

다섯째, 부모를 공양하지 않는 것이 인륜을 거스름이며(逆),

여섯째, 밤중에 알몸으로 일어나는 것이 상서롭지 못하며(不祥),

일곱째, 남의 활 당기기를 좋아하는 것이 종의 행세요(奴),

여덟째, 남의 말 빌려 타기를 좋아하는 것이 천한 짓이며(賤),

아홉째, 남의 술을 얻어먹으면서 남에게 술을 권하는 것이 어리석은 짓이며(愚),

남의 밥을 얻어먹는 주제에 친구까지 끌어들이는 얌체 짓이 위십강(爲十强)이니이다."

여학교 때 문자 쓰기를 좋아하시던 교무주임 선생님께서 국어시간에 대리수업 들어오셔서 느닷없이 머리 터지게 한꺼번에 많은 문자를 입력시키는 통에 그걸 외우느라 진땀을 뺐지만 나는 갑자기 사람이 한결 성숙해진 듯 뿌듯했다.

지금도 이따금 입버릇처럼 읊조린다. 일 착, 이 오, 삼 치, 사 실, 오 역, 육 불상……. 그중에서도 내가 지금 온전히 외우고 있는 문자는 딱 하나, "끽 타반 명 붕우(喫他飯命朋友)는 위 십강(爲十强)이니라."

나는 유난히 제 것과 남의 것을 구별할 줄 모르는 얌체에 대해 알레르기가 있는 편인데, 아마도 그 문자의 영향이었을까 생각하면 썩 흥미로운 노릇이 아닐 수 없다.

기독교에선 흔히 거듭난다는 말을 많이 사용하고 또 믿음의 목적이 바로 그것이지만, 사실 거듭난다는 게 그리 쉬운 일이 아니다. 그저 '변화' 정도면 준수한 편일 것-. 그래서 사람이 애당초 태어날 때 잘 타고나야지 교육이나 노력 따위는 별무효과라고들 말한다. 나도 살아오면서 그 인용문이 "자 왈"에서 "주께서"로 바뀌었을 뿐 나무 양판이 쇠 양판이 되지는 못한 것 같다.

무슨 말이냐고? 아무리 "자 왈"이 "주께서"로 바뀌었어도 내가 지향하는 바는 마찬가지였다는 것이다. 글쎄, 나처럼 내성적이요 소심한 사람이 어쩌자고 그렇듯 엉뚱한 발상을 하게 됐는지, 참 어지간히 재미있는 일이 있었다. 그러니까 "자 왈"이 "주께서"가 되면서 나는 그만큼 더 적극적이요 능동적이 된 셈이었다.

70년대 후반, 투박한 군홧발 소리에 숨죽이고 살면서도 '보릿

고개'란 단어가 우리의 뇌리에서 조금씩 묽게 희석되어가고 있을 때였다. 이 땅의 여성들의 눈과 귀가 어느새 명동으로- 명동으로- 집결하고 있었다. 머잖아 소비가 미덕인 시대가 도래하고 있는 것이다.

당시 작은 목회(구역장)를 하고 있던 한 선각자(?)가 어느 날 구역원들을 이끌고 명동으로 나갔다. 파트별로 백화점을 배정하고 다시 2인 1조로 나누어 피차 각별히 조심하라는 당부와 함께 흩어졌다. 모두들 왜 그렇듯 조마조마했느냐 하면, 글쎄, 그게 지금껏 보아온 여느 전도 행각과는 좀 색다른 것이었기 때문이다.

우리는 가슴에 긴 아크릴 구호 명찰을 달았다.

　　　"성경은 모든 가치의 기준

　　　예수는 모든 행동의 기준"

무엇보다 우선 한눈에 확 들어오는 전단의 큰 제목이 문제였다.

　　"당신은 지금 당장 꼭 그것을 사셔야만 하겠습니까?"

내용은 신명기 6장 10-15절, 하나님께서 네게 약속하신 땅으로 들어가게 하사 네가 건축하지 아니한 아름다운 성읍과 네가 채우지 아니한 아름다운 물건이 가득한 집에서 네가 파지 아니한 우물과 네가 심지 아니한 포도원과 감람나무로 배불리 먹고 마시게 하실 땐 너는 '조심하여' 너를 애굽 땅 종 되었던 집에서 인도하여 내신 여호와를 잊지 말고 잘 경외하여 섬길 것이로되 만약 네 사면에 있는 백성들의 다른 신들을 좇으면 여호와께서 네게 진노하사 너를 지면에서 멸절시키실까 두려워하라는 말씀으로 문안을 만들었다.

그리고 말미에(당시엔 곳곳에 구걸하는 사람이 많았다), "지금 저 거리에서 손 벌리고 있는 사람의 모습은 오늘 당신의 선택 여하에 따라 어쩌면 미래의 당신 모습일 수도 있습니다"라는 재수 없는 문구를 고딕으로 오금 박았다. 그러니 이리 치나 저리 치나 환영받을 소지는 그 어디에도 없었다.

나는 몇 사람과 코스모스 백화점 안으로 들어갔다. 고작 몇 장의 전단을 나누어주고도 몹시 마음이 켕겼다. 당장 백화점 측 누군가가 시비를 걸어올 것만 같았다. 그렇다. 이건 엄연한 남의 영업 방해였다. 제아무리 취지가 좋더라도 실정법 위반인데야 교회에 득이 될 게 뭔가.

나는 얼른 식구들을 끌고 밖으로 나왔다. 문밖에서 돌리자고 했다. 그런데 거기서도 켕기기는 마찬가지였다. 아예 몇 발자국 더 내려가서 속 편히 그냥 지하도에서 나오는 사람들을 상대하기로 하고 출구 조정을 했다. 후유- 이런 심장으로 무슨 일을 한답시고 … 흐응-.

그런데 나중에 보니 모두 차마 백화점 안에서는 못 했다고들 했다.

지금도 가끔 그때 식구들끼리 모이면 그 일을 추억한다. 정말 첫사랑의 은혜에 취했던 귀여운(?) 시절이었다.

아마 그 일은 누구도 소비 절약 캠페인이었다고 말할 것이다. 글쎄, 만약 우리가 좀 더 확실하게 체계적으로 운동을 벌였다면

정녕 이 땅에 IMF도 안 오지 않았을까? (웃음)

아니다. 내가 여기 분명히 강조하고 싶은 것은 그것은 결코 단순한 소비 절약 캠페인이 아니란 것이다. 그것은 나로선 절대 전도였다. 그리고 나는 지금껏 어디서든 조용히 그 일을 계속해오고 있다. 특히 요즘 지겹도록 우리 아들 며느리와 신경전을 하고 있는 것이 바로 그 좋은 예다. (요즘 애들은, 아니 경영학과 출신 아들조차도 어떻게 된 게 대차대조표 계정을 잘 모른다. 수입과 지출의 균형 감각(?)이 없다는 말이다.)

나는 평소에 이 땅의 크리스천들이 성령의 감각적 체험을 위해선 지나치게 열심이면서도 그리스도의 뜻의 구현, 곧 기독교 사상엔 너무도 무관심한 데 대해 무척 의아해하는 사람이다.

그중 하나, 사람이 있으니 절약하는 것이, 없으니 절약해야 하는 것이 비단 저를 위해서만이 아니요, 궁극적 목적은 바로 나눔을 위해서란 말이다. 그래서 감히 이를 전도라고 이름하는 것이다.

규모 없는 자를 권계함은 마음이 약한 자를 안위하며 힘없는 자를 붙들어주는 것 못잖게 중요한, 바로 하나님의 명령이시기 때문에(살전 5:14).

끼리끼리 더불어

우리는 누군가의 불행에서 뭔가 불유쾌재하지 않은 것을 느낀다.

이는 어느 책의 누구의 말인지도 모른 채 어렸을 때부터 실로 오랜 세월동안 내 머릿속에서 줄곧 살아 꿈틀거려왔다.

〈불유쾌하지 않음〉은 분명 〈유쾌하다〉와 맥락을 같이 함엔 틀림없지만 그렇다고 그리 가벼이 획일적으로 몰아친다면 오늘 나의 수고는 헛짓거리가 되고 말 것이다.

글쎄. 무슨 영문인지 나도 잘 모르겠다. 내가 어쩌자고 그렇듯 오랜 세월동안 위 말을 다시 없는 명언으로 붙들고 때로 눈물 어린 가슴앓이를 했어야 했는지!

'하! 도처에 유청산이네. 나만 그런 게 아니었구나.'가 문득 나를 울컥하게 만들었을까. 자기연민, 자기 위로를 쉽게 끌어내 주는 실로 묘약이었다.

남의 불행이 통쾌하다? 천만에! 가당찮다. 추호라도 그런 뜻은 없었다.

'나만 당하는 게 아닌데 뭐. 견뎌야지. 못 견딜 게 뭐람. 후-'

엉뚱한 결론을 도출하게 하신 하나님께 나는 그때마다 감사했다.

그래선지 나는 묘하게 변해갔다. 나는 비슷한 경지의 사람에게 곧잘 이런 말을 한다.

"사람이 살다 보면 이럴 때도 저럴 때도 있는거지 뭘 그리 잔뜩 주눅 들어 있어? 그대 믿는 사람 맞아? 믿고 기도하고 기대하고 기다리라…"

"형! 말은 조오타 헌데 왜 그래? ……"

"이거 봐! 왜 투스트라이크 쓰리볼에서 홈런이 잘 나오는지 알아? 그때의 타자는 다른 때와 정신무장이 다르거든. 제대로 된 선수라면 한 번쯤 얼마든지 해 볼만 하구말구…. 아 참. 이거 알아? 대한이 소한 집에 놀러 갔다 얼어 죽었다는 말- 그냥 우스갯 소리가 아니라구요."

자. 무슨 말이냐 하면… 그러니까 요는 일반과 특수는 결코 권역이 다르지 않다는 것이다. 평생 자신을, 그것도 부정적 골방에 가둬놓고 마치 특수귀족인 양 스스로 착각하고 있는 사람을 칵 깨부숴주고 싶다고. (뒤에 설명되어질 것이다.)

사람은 누군가 신난다 하면 덩달아 저도 신난다. 주위가 울상인데 저만 신난다 떠드는 건 모지리다. 더불어 사랑하고 더불어 기뻐하며 함께 운다. 이것이 인간이다. 때때로 남의 불행에서 위로도 받고 남의 행복에서 소망을 가질 수 있어 사람이 아니겠는가. 그야 눈치도 없이 아무데서나 은근히 제 자랑단지만 두들겨대는 푼수도 없잖다. 또 앉으면 지정곡으로 제 신세타령만 징징대는 사람도 사람을 질리게 한다. 어쨌거나 사람은 끼리끼리 더불어 살게 마련이다. 그래서 누구나 그 끼리를 찾아 헤매다가 찾으면 또 그에 맞추느라 애쓰는 일들이 바로 〈삶〉이도록 창조되었단 말이다. (여기서의 끼리 또한 편 먹는다는 말이 아님은 물론이다.)

내가 한평생 교회에서 배운 결론도 결국 그것이었다. "합력하여 선을 이루라."

성경은 몇 날을 읽어도 그 말이 그 말이다. 비록 단어가 다르고 사건이 달라도 더불어 선을 이루며 살아야 할 사명의 강조다.

자, 여기까지에서 누구는 뭔가 짜증스럽고 뒤틀리는 심기가 될 수도 있겠다. 그러나 남의 불행이 불유쾌하지 않음이 어찌 그리 아름답고 포근하고 정스러울까. 아마 나는 그래서 한평생 그 말놀이를 즐기며 살았는지도 모르겠다. 바로 그러한 나의 본심을 시방 그 불행당한 안쓰런 사람에게 위로하고 권면하며 다정하게 가까이 다가가 줘야 할 일거리(?)를 만났다는 뿌듯함에 취해 있기 때문이라면 조금은 이해가 되는지!

버릇처럼 입에 붙은 요절들.

· 두 사람이 한 사람보다 나음은 저희가 수고함으로 좋은 상을 얻을 것임이라.

· 혹시 저희가 넘어지면 하나가 그 동무를 붙들어 일으키려니와 홀로 있어 넘어지고 붙들어 일으킬 자가 없는 자에게는 화가 있으리라.

· 두 사람이 땅에서 합심하여 무엇이든지 구하면 하늘에 계신 내 아버지께서 저희를 위하여 이루게 하시리라.

· 너희가 짐을 서로 지라. 그리하여 그리스도의 법을 성취하라.

아, 끝도 한도 없다. 지금 〈두〉사람이란, 숫자를 얘기하고 있는 게 아니다. 하나 이상의 복수 곧 〈우리〉를 얘기하고 있다. 당연히 우리 모두의 하나님께의 약속이요 다짐이란 말이다.

〈혼자〉보다 〈더불어〉가 그만큼 하나님을 더욱 기쁘시게 한다는 것이 곧 지금까지의 본론이다.

늙은 유세

언젠가 주민등록상 아직 해당이 되지 않았는데 친구가 얻어준 공짜 표를 가지고 전철을 탔을 때 나는 참으로 기분이 묘했었다. 우선 그 몇백 원의 공짜가 썩 달콤했다.

'거 괜찮은데….'

이제 주민등록증 내놓으랄까 봐 조마조마할 필요도 없는 당당한 경로 대상이 되고 보니, 이상하게 또 다른 면으로 기분이 묘해진다. 무엇보다 주민등록증 보자는 사람이 없다는 데 속이 편칠 못하신 것이다.

'아니, 내가 그렇게 늙어 뵌단 말야?'

그러자 금방 아랫입술이 앞으로 쑥 나온다.

'흥, 제 것 아니라고 막 인심 쓴다, 이거지.'

공무원이 나라 재산 지켜줄 줄 모른다고, 한참 애국자 나오셨다. 내가 늙어 뵈어서가 아니라 저들이 공무원으로서 철저하지 못한 거라고.

그런데 처음 잠깐은 (지금은 벌써 만성이 됐지만) 표 달라고 창구에 손 내밀 때 기분이 몹시 찝찝했었다. 꼭 동냥 달라고 거지 손 내미는 것 같아서.

'이제 내 힘으론 아무것도 할 수 없으니 도와달라는 무력한 이 손……!'

눈물이 핑 돈다. 아, 이런이라니!

그때 정액권 있던 것, 정년이 아직 안 된 친구 줘버린 걸 후회하고 있다.

'그냥 돈 주고 사버려?'

딱하게도 나는 한참을 그렇게 매표소 앞에서 뭉기적거리고 있었다.

동사무소에서 공문이 날아왔다.

"안녕하세요, ○○동 사회담당 아무개입니다. 더위에 건강 조심하세요."

친절도 해라. 문득 전에 제 증명 담당 직원이 하도 친절하기로 소문나더니 지금 시의원을 거푸 연임하고 있는 사실이 떠올라 '또 누가 흉내 내는구나. 이 친구는 뭐 할 건데?' 하는 싱거운 생각이 스쳐갔다.

"어르신께서는 노인 교통수단 신규 지급 대상자가 되셨습니다.

노인 교통수당은 65세 이상의 노인분들께 개인당 1개월에 만 원씩 1년에 4회 지급되고 있습니다……. 신청 방법은 어르신의… 오시기 힘드시면 가족이 대신 오셔서…….”

“에라, 이 친구야. 그렇게까지 친절 안 해도 된다구.”

나는 나도 모르게 역정을 내며, 들고 있던 공문을 휙 내팽개쳐 버렸다. 어르신… 어르신… 어이구야- 뭐, 힘드시면 가족이 대신? … 헛! 후우- (숨이 찬다.)

비참하다기엔 아직 기분이 너무 쌩쌩한 게 탈이었다. 그러자 또 불시에 아마도 머잖아 자신이 늙었다는 사실을 거부하는 지금 이런 기분조차도 몹시 그리워질 거란 생각으로 가슴이 저민다.

그러니까 몇 해 전에 우리 신우회(동창)에선 차례로 친구들의 회갑 잔치를 열어주었었다. 잔치라야 물론 그냥 우리끼리 기념 예배를 드리는 것에 불과했지만 처음엔 모두들 ‘회갑’이란 단어가 너무 생경했던지 마치 남의 일처럼 서로 피식거리며 어색해했었다. 그런데 칠순 채비를 하게 된 지금 와서 그때를 너무 그리워하고 있으니 말이다.

얼마 전 오랜만에 여학교 때 친구들의 모임이 있었다. 한동안 안 뵈던 친구가 늦게 나타나면서 하던 첫인사.

“어휴- 돈밖에 없는 것들만 모였구먼.”

다음 설명이 없으면 분명 좀 듣기 거북한 표현임에 틀림없었지만 그러나 어찌 된 게 먼저 와 있던 대여섯 명의 친구들 중 누구 하나 언짢은 표정이 아니었다. 아니, 오히려 모두는 더 다정한 몸짓으로 그녀를 반가이 맞았다.

"안녕! 그러게…. 어느새 그렇게 돼버렸네…."

그것이 돈푼이나 있는 걸 비웃음도 아니요, 돈 말고는 별 볼일 없는 사람들이라는 무시도 아니라는 걸 모두는 너무도 잘 알고 있었기 때문이었다. 정확하게 묘사하자면 그 친구의 인사말은, 그저 얼마 가진 돈 말고는 이제 아무것도 제구실을 못 하게 된 우리 모두의 처지를 자조하는 말이었다.

나는 쓸쓸한 분위기를 밀어낸답시고 짐짓 넉살을 떨었다.

"그래도 돈이라도 있으라고 천만다행이다아."

그랬더니 직설적인 그 친구가 다시 손을 내저으며 호들갑이었다.

"아서! 흐응─ 그 알량한 것? 칠십 년 가까이 쌔빠지게 살아왔는데, 고작? 그려. 칠십 년씩이나 모아왔으니, 오늘은 밥값 낼 사람 많아 좋구나. 하하…."

그날따라 그녀는 사정없이 내 가슴을 흔들어놓았다. 아무렇지 않게 앉아 듣고 있기가 민망했다. 어쩌면 아마 그녀는 작심하고 그렇게 응어리를 내뱉고 있는지도 몰랐다.

그렇다. 칠십 년씩이나 모은 돈인데도 오랜만에 만난 옛 친구들에게 선뜻 밥 한 끼 살 만한 형편이 아직도 못 된 친구도 있었고 또 그럴 만한 돈이 없어선 아니지만 아직까지 한 번도 그런 후한 생각을 해본 적이 없는 친구도 있을 것이다.

서글퍼라. 정말이지 그동안 사느라 얼마나 많은 돈이 들었으며 또 앞으로 들어갈 많은 돈 때문에 얼마나 걱정을 더 해야 하는가! 갑자기 내 마음이 갈짓자를 그린다.

우리 모두 우아하게 늙어가는 것이 소망이거늘…….

이미 갱년기도 사추기도 아닌데 병원에 가면 영락없이 우울증 진단이 떨어질 즈음에 나는 화닥닥 개구리처럼 깨어났다. 일거에 허무와 서글픔을 몰아내고 만 것이다. 어느 날 내가 무심코 TV의 리모컨을 이리저리 돌리는데, 어느 방송의 무슨 프로인지도 몰랐지만 밑도 끝도 없이 이런 것이 나왔다.

"젊은 세포는 자극에 민감하나 강한 자극엔 죽고 만다. 늙은 세포는 둔감하지만 큰 자극엔 반응한다. 늙는다는 것은 일종의 버티는 전략이다."

쾅- 하고 내 가슴이 폭발하는 것 같았다.

"오- 주여!"

과연 하나님은 사랑이셨다. 흔들리던 내 마음의 파도가 일시에 고요해졌다. 언제 어디서나 새로운 하나님의 섭리를 깨닫는다는 것은 삶의 힘이었다.

나는 다음 예배 시간에 지체 없이 이렇게 설파했다.

만약에 사람이 칠팔십 대까지 젊어서처럼 혈기 왕성하다면 어떻게 될까? 아마 틀림없이 그때까지 몸이 견뎌내질 못하고 부러질 것이다. 사오십 대가 너무 의욕적으로 과로하다가 꺾이는 것을 종종 보지 않는가. 절제를 모르는 인간의 과욕은 언제나 제 명을 재촉하는 법. 사람은 늙어서 오래 사는 셈인데, 바로 여기에 하나님의 기대하시는 뜻이 있다.

육십 대에 벌써부터 그렇게 주눅 들 거 없다. 일이란 게 뭔가. 꼭 힘든 짐을 지고 많이 뛰는 것만이 일은 아니라고 성경이 말씀하고 있다. 늙었다고 하나님을 영화롭게 못 하란 법은 결코 없다는 말이다. 우리는 늙어가면서 오히려 더욱 은혜 안에 사는 모습을 보일 수 있다. 자의든 타의든 우리는 이제 웬만큼 세속으로부터도 자유로워졌고 그래서 이제야말로 순간순간을 얼마든지 더 제대로 누리며 살 수 있다. 한번 잘 살아보자.

나는 정말 신이 나서 이렇게 마무리했다.

"사람으로 늙도록 하심이 합당한 죗값이라고 우리는 지금껏 그렇게 생각해왔습니다. 그러나 그것이 버티도록 하는 전략이셨단 말입니다. 바로 우리가 앞으로 더 열심히, 오래 살아야 할 명분입니다, 여러분!"

피타고라스 선서

비록 표현의 자유가 보장된 좋은 세상이라지만 코로나에 경제 난에 하필 이 암담한 판국에 뭐? 전 의료진이 집단 시위 동참? 형! 그려. 아무리 국민이 만만해도 유분수지 이건 해도해도 너무 한 거 아냐?

한 친구가 아까부터 떠들어댄다.

"이놈의 인간들 그래도 피타고라스 선서를 했겠다?"

"뭐? 가만!"

내 귀가 금세 이상반응을 한다.

"하! 피타고라스는 정리지."

곁의 친구가 거든다고

"글쎄 좀 이상하더라. 아르키메데스?"

"하하. 아르키메데스는 원리구."

그러면서도 사실 나는 그때까지도 정작 히포크라테스가 튀어나오질 않았다. 또 다른 친구가 깔깔거리며 끼어든다.

"네들 시방 뭐하고 있는 거니?"

그제서야 퍼뜩 내 머리가 꿈틀했다.

"하하, 글쎄, 히포크라테스 할아버지를 불러오고 있는 중이야. 하하……"

"아, 맞아!"

일제히 합창한다.

나는 가끔 꼭 무슨 기분 나쁜 전조 같아 검사를 한번 받아봐야지 싶다가도 친구들을 보면 대충 비슷해 그냥 웃고 지나고 만다. 아까의 피타고라스 정의파 친구가 또 일갈이다.

"제 목숨 바쳐 사람 살려내고 있는 의사가 얼만데 뭐가 어쩌고 어째? 그놈의 인간들 의사 자격증 모두 박탈해야해!

"옳소!!……"

모두들 신나라 박수를 치며 떠들어대지만 나는 왠지 뒷맛이 개운찮았다. 드디어 내가 문제를 풀어 헤쳤다.

"글쎄 시방 우리의 문제는 전문의 시위가 아니라 〈피타고라스 선서〉가 더 문제인 것 같은데……"하며 심각하게 지난 얘기를 늘어놓았다.

어느 날 나는 갑자기 어거스틴이 도무지 생각이 나질 않아 몸부림하다가 큰 애에게 톡을 보냈다. 거 술 취하지 말고 방탕하지 말라는 성경 말씀으로 성자가 된 사람… 했더니 당장 '아, 어거스

틴?'했다.

이 사실은 두고두고 나를 어이없고 참담하게 했지만 지금은 어디서고 일상이 되고 있다.

언젠가 아들이 나더러 젊은 애들과 논쟁하지 말라고 당부하는 것이었다. 처음엔 나는 무슨 말인가 싶었다.

'왜?'

애들을 못 당한다는 것이다. 형! 처음엔 나는 콧퉁을 퉁겼다. (제깟X들이 뭘 안다고……)

그런데 지금 보니 그게 아니었다. 늙으면 어휘가 터무니없이 과부족 현상이 일어난다. 옳은 말이었다. 지금은 날마다 실증하고 살고 있다. 늙은이가 입 다물고 있어야 하는 것은 겸손이 아니라 밑천이 이미 바닥났기 때문이란다. (웃음)

진짜 재미있는 얘기 하나 하자. 내 젊었을 때 시골에 어머니를 뵈러 갔을 때였다. 어머니는 소문나게 영민하신 분이었는데도 이런 코미디가 벌어졌다. 어머니는 모처럼 친정에 온 딸에게 동네 소식을 전해주고 싶으셨던 모양.

"야야! 그… 저… 거시기… 저…… 그……"

한참 끙끙 거리셨다. 아무리 해도 이름이 잘 생각나질 않자 한참 만에 밑도 끝도 없이 그냥

"죽었단다." 하셨다. 나는 배꼽을 쥐고 깔깔대면서

"아, 그 아무개X 양반?…"했다.

곁에서 이를 지켜보던 올케가 말했다.

"애기씬 어떻게 그렇게 금방 알아들어요?"

"그러니까 자식이지. 나 그 양반 돌아가셨단 소식 들었거든. 그 뉴스 말해주고 싶어 끙끙거리신 걸 왜 몰라."

이제 내가 어느새 어머니 그 나이가 됐다. 문제는 어거스틴을, 히포크라테스를 몰라서가 아니기에 더욱 문제란 것이다.

산삼 같은 사람

중학교 때 친구가 애칭으로 붙여준 내 별명이 '뚝보'였다. 평소 내가 얼마나 말수가 적고 무뚝뚝했는지 알 만하지 않은가.

사람이 열두 번 된다지만 나는 나도 좀 상냥해졌으면 싶어 무진 애를 썼으나 천성을 고치기란 그리 쉽지가 않았다. 그러다 보니 마치 자구책이라도 되는 양 어쩌다 그리됐는지도 모르게 어느새 내가 익살꾼이 되어 있었다. 나는 얼렁뚱땅 익살로 분위기를 곧잘 이끈다. 요즘 내 책을 읽은 사람들의 독후감 일성이 우선 글이 재미있다는 것이다. 결코 재미있으라고 한 말이 전혀 아닌데도 말이다.

나이가 들고 보니 그 많던 친구들이 모두 뿔뿔이 헤어져 아무리 찾아봐야 울적할 때 얼른 불러낼 만한 사람이 별로 없다. 두엇은 돌아오지 못할 아주 먼 곳으로 가버렸고 서너 명이 외국에 살고 있으니 당연했다. 정작 친구가 필요할 때 가까이에 친구가 없다는 건 이만저만 아쉬운 문제가 아닐 수 없다. 그런데 하나님이 내가 안돼 보이셨던지 평소 그리 친하지도 않았었는데 날 유심히 관심하고 있는 친구가 있었다.

가끔 동창 모임에서라도 만나면 유난히 호의적이어서 나는 싫지가 않았고 왠지 훈훈했다. 하나님은 사람을 어찌 그리 정에 민감하게 만드셨을꼬!

한동안 〈산삼 같은 사람〉이란 글이 카톡에 돌아다닐 때였다. A가 B에게 B가 C에게⋯ 너도나도 덩달아 돌리다 보니 매일 겹치기로 날아들었다. 어찌 보면 공해가 분명했지만 그러자니 여기 한 역사가 엮어졌다. 글의 내용인즉슨, 누가 좋은 산삼을 만나 그걸 친구에게 선물로 보냈다. 받은 친구는 더덕인 줄 알고 고추장에 찍어 잘 먹었다. 나중에야 그 사실을 알고 보내준 친구에게 백배 사죄했다. (사죄는⋯ 어쨌거나 잘 먹었으니 됐네 뭐.) 행여 지금껏 우리는 귀한 산삼 같은 친구를 더덕이나 도라지쯤으로 너무 쉽게 여기며 살지는 않았는지! 이제 우리, 비록 더덕이나 도라지 같은 친구라도 산삼으로 귀히 여기며 살아보자는 테마였다. 아무리 더덕이나 도라지라도 천년 묵은 산삼이라고 믿고 먹으면 분명 보약이 된단다. 가슴 뭉클하게 하는 썩 귀한 글이었다. 그렇다. 사람은 누구나 늘 산삼 같은 보물 친구를 그리며 살게 마련이니까.

앞에 말한 그 친구에게서 톡이 왔다. 오랜 동안 날 지켜봤으나 난 확실히 여느 친구들과는 같지 않은 산삼… 감히 "심봤다!"까지 동원됐다. 하! 송구하고 면구해서 나는 몸 둘 바를 몰랐다. 이를 어쩌!

솔직히 나도 불현듯 같은 투의 고백을 해주고 싶었지만 역시 뚝 보답게 간지러움이 일었다.

'아이, 난 못 해!'

그러나 함구하자니 예의가 아니요, 어찌 된 게 이상하게도 이럴 때 내 진심을 전할 재주가 내겐 없었다. (언필칭 글쟁이라면서 형!)

결국 또 편할 대로 넉살이나 떨 수밖에. (나는 시방 비록 구차하게 이런 형식을 빌려도 그가 내 본심을 정직히 이해해주길 간절히 빌 따름이다.)

멋없는 나의 답글은 이랬다.

우리가 잘 아는 얘기.

처음 장사를 시작하는 사람이 굴비 짐을 가지고 나갔으나 부끄러워 차마 윌(외칠) 수가 없었다. 그런데 마침 굴비 장사가 지나가면서,

"굴비 사압쇼!"

하자, 오옳지! 그가 재빨리 뒤따라 붙으면서 큰 소리로 화답하듯

"나도 그거엇―."

바로 나도 그거라네. ㅎㅎ

친구와 트렌치코트

사람마다 말투나 그 억양이 다 다르다. 문화나 생활 습관에 따라 대충 지역적으로 끼리끼리 비슷하게 엉긴다.

어디에도 장단점은 있게 마련이지만 특히 호남 쪽 사람들은 농담을 즐겨서 밝고 좋은 점도 많지만 때로 사람을 당황하게, 아니 황당하게까지 할 때가 있다. 아무리 정이 많은 것까지는 좋다 하더라도 사람을 몇 번만 만나면 당장 반말지거리가 나온다. 충청도 사람이나 점잖은 사람은 기겁을 한다. 물론 그것이 악의도 아니요 제 딴엔 정표라고 하는 말이 같은 부류의 귀에도 민망할 때가 종종 있다.

말이란 누구라도 조심해야겠지만 굳이 트집을 잡자면 남쪽 말은 여러모로 걸리게 돼 있다.

요즘은 사람의 마땅한 에티켓이니, 삶의 수칙이니, 사회생활의 성공 비결이니, 아름다운 말 사용하기 캠페인이 도처에서 일어나고 있다.

거울을 보면서 연습을 한다.

"미안해요."

"고마워요."

"사랑해요."

좋지. 누가 싫다 하랴. 우리 유교 문화권 사람들은 "미안합니다" "고맙습니다"는 그래도 잘되는데, 아무래도 "사랑해요"가 아직도 잘 안 되는 것 같다.

A와 B는 절친이다. B가 병원에 입원했다가 퇴원해서 집에서 가료 중인데 그동안 A는 병원을 뻔질나게 출입했다. 이제 한숨 돌리자 제 일에 바삐 돌다가 그만 한동안 적조했다 싶어 다이얼을 눌렀다.

"어디 나갔다 왔니? 아까 전화해도 안 받던데-."

했더니 B가 대뜸 한다는 말. 쇼하지 말라더라나.

"뭐라구? 너 지금 뭐락 했니?"

속이 뒤틀린 A는 공연히 내게 씩씩댔다. 아아니 그래, 기왕에 같은 말이면 쇼하지 말라니, 그게 말이냐고.

"어려워서 모르겠어? 통역할까?"

내가 이죽거린다.

"한참 소식 없어 기다렸다는 거 아냐. 아픈 사람이 가긴 어딜 가? 민망하니까 괜히 헛소리한다는 거지. 정표 아니겠어?"

정표고 뭐고 A가 바르르한다.

"그래, 전화 꼭 나만 해야 하고 저는 좀 하면 안 되니?"

"것두 말 되네. 하…… 끊어! 내가 뭐 샌드백이니?"

나는 짐짓 깔깔거리며 A의 울화를 눌러주려 했으나 잘 안 되는 것 같았다. 글쎄, 기왕이면 어쩌자고 밑도 끝도 없이 그리 말했을꼬!

사람은 친하면 때로 무조건 무엇이나 감수해야 한다. 자식이 부모에게 무턱대고 투정해도 받아주는 것처럼 말이다. 이것이 주로 남쪽 사람들의 말투가 빚은 폐단이다. 좋게 받아들이면 어디까지나 정담이지만 서로 핀트가 안 맞으면 상처가 된다. 일일이 고깝게 따지기 시작하면 관계는 틀어지고 만다.

내가 그런 실수를 잘한다. 오늘은 두고두고 한(恨)이 된 내 농담의 실수를 여기 토해놔야겠다.

언젠가 친구들과 모임 후 백화점 한 바퀴를 돌다가 뜻밖에 맘에 드는 옷 하나를 건졌다. 천에 많은 수공을 들인 좀 독특한 고가(高價)의 옷이었다. 친구들도 어디서 그런 걸 골랐느냐며 다 좋단다. 그 옷은 내가 퍽 아끼는 옷이 되었다.

어느 날 절친의 병원 심방 때 그 옷을 입고 갔다. 그 친구는 오랫동안 외국에 체류했기 때문에 근래의 내 옷가지가 다 생소했을 것이었다. 그는 평소 유난히 외모에 관심이 많은 멋쟁이였다.

나는 병원을 자주 갔지만, 그날도 아쉽게 또 일어나야 했다.

"간다. 또 올게."

나는 손을 흔들었다. 그날따라 친구는 그윽이 나를 바라보며 조용히,

"이쁘다……."

옷이 예쁘다는 것이다. 예쁜 옷을 입고 있는 내가 좋아 보인다는 흡족한 사랑이 그대로 묻어나는 표정이었다.

"어휴! 그놈의 눈엔 아직도 그런 거밖에 안 보이지."

속으론 기분이 나쁘지 않으면서도 나는 눈을 흘겼다.

순간 아차! 가슴이 철렁했다. 어쩌자고 하필이면 그 정겨운 얼굴에 재를 뿌리는 핀잔이었을꼬!

"그래, 어서 일어나! 내 벗어줄게."

왜 그렇게 말해주지 못했을까. 천하에 멋대가리도 맛대가리도 없는 이 풍신아…….

그 후 그가 예상 밖으로 졸지에 홀연히 귀천해버리자 가슴 찢는 회한은 두고두고 나를 괴롭히고 있다.

나는 갑자기 그 옷이 꼴도 보기 싫어졌다. 입을 옷도 마땅찮아 외출했다 돌아온 나는 코트를 장바닥에 패대기치며 눈물을 펑 쏟았다.

"친구야, 제발… 제발…… 이런 거 열두 개라도 사준다."

'하나도 벗어주겠다 못했으면서 뭐, 열두 개씩이나? 형!'

그렇다고 물론 그가 그때 내 말을 서운해했으리라곤 생각지 않는다. 당시 그와 나는 의학적 기적을 부르자고 함께 기도하고 있

었으니까. 아마 그의 의식 변화를 위해 그다지 애타 하는 내 모습이 오히려 그에겐 더 고마웠을는지도 모른다.

문득 베드로의 모습을 그려본다. 그는 네가 닭 울기 전에 세 번 나를 부인하리라는 예수님 말씀이 생각나서 닭 울음소리만 들으면 통곡을 했다고 했다.

우리가 알거니와 베드로가 예수님을 모른다고 부인한 것은 결코 무슨 악의나 배신이 아니었다. 그저 위험 앞에 나약한 인간의 본능적인 반사작용이었을 뿐이다. 예수님이 부활하시어 다시 베드로에게 나타나사 '네가 나를 사랑하느냐' 세 번 물으셨을 때 한결같은 그의 대답, 나는 그 말을 몹시 좋아한다.

"내가 주를 사랑하는 줄 주께서 아시나이다."

이것이 원뜻이든 아니면 번역상의 기교이든, 이 얼마나 오묘한 대답인가. 그는 "그럼요, 사랑하고 말고요" 하지 않았다. 제 맘을 주님이 아실 거란 신뢰가 너무도 확고했다.

친구도 나의 진심을 누구보다 잘 알았고 우리는 피차 절대 신뢰했다. 다만 투병 중인 그에게 좀 더 따뜻한 사랑의 말을 못해준 자신의 뿐새 없는 말버릇이 나는 용서가 안 되는 것이다.

이미 공허한 헛소리지만 하루에도 몇 번씩 나는 뇌까린다. 친구야. 사랑해⋯ 사랑해⋯⋯.

베드로는 자원해서 십자가를 거꾸로 지고 순교함으로 자책이 끝났지만 이제 와서 내가 골백번 사랑한다고 외친들 과연 누구에게 무슨 위로가 되랴!!

핑계 대지 마

어느 날 친구들 모임에서.

약속 시간이 한참을 지났건만 두 사람이 미참했다.

한 사람은 그렇다치고(?) 한 사람은 그리 말없이 늦을 사람이 아닌데 이상하다고들 걱정했다. 기왕 기다린 김이니 조금 더 기다려 같이 시작하자고 모두는 꽤 느긋한 폼이었다. 그러고도 한참 후 걱정하던 친구가 버얼건 얼굴로 들어섰다.

"에이, 내가 미쳤지. 그런 애와 길거리에서 약속한 내가 그렇지, 누구 탓을 해."

아무렇기로 길거리에 사람을 세워놓고 한 시간 이상을 전화 연락도 안 되는 사람이 어디 있느냐며 짜증이 창창했다.

한 친구가 나섰다.

"오, 그렇게 됐구나. 너두 너다. 5분쯤 기다리다 그냥 올 일이지,

여기 사람 중 그렇게 기다리고 있을 사람 아무도 없어 얘. 그러니까 개와 약속하려면 한 시간 전으로 잡아놓고 한 시간 후에 나가면 돼요. 하….”

민망하게도 모두는 그 친구가 늘어놓을 변명을 훤히 알 만하다는 표정이다. 마침 집에서 나오려는데 무슨 일이 생겼다느니, 하필 앞차가 사고가 나서… 괜히 택시를 탔다는 둥 늘 들어온 레퍼토리다.

어떻게 그렇듯 같은 핑계를 되풀이할 수 있는지 그 염치 한번 연구 대상이 아닐 수 없다. 백 보를 양보해서 그 모두가 다 사실이라고 치자. 그런데 그게 한두 번이 아니고 보면 아예 두루 감안해서 미리 좀 서두를 수는 없었을까?

나는 지금 특정한 한 친구의 흉을 보자는 게 아니라 그것이 바로 우리의 자화상이란 걸 역설하려는 것이다. 잠시 자신의 뒤안길을 돌아보자. 평생 나는 그 말도 안 되는 핑계 뒤에 숨어 살아오지 않았는지를. 그 친구의 흉은 오히려 애교라도 있다.

그는 뻔히 그 누구도 곧이듣지 않는다는 걸 알면서도 변명하고 있으니까. 우리는 하나님 앞에 자신의 불가피성을 얼마나 염치 좋게 우겨대고 있는가.

그리고 하나님은 사랑이시니 기도하면 봐주시리라 철석같이 믿어버린다. 엄청 좋은 믿음이네, 형!

애들 어렸을 때, 애들 아빠가 애들에게 가끔 짚어주는 말이 있었다.

"엄마한텐 애당초 거짓말할 생각을 말어. 이실직고하면 네 엄만 뭐든 봐줘. 어설프게 둘러대다간 산통 다 깨진다. 귀신을 속여도 네 엄만 못 속여."

글쎄, 훈육을 하는 건지 요령을 귀띔하는 건지 알쏭달쏭하다. 나는 변명을 끔찍이 싫어하지만 거짓말, 핑계는 더더욱 딱 질색이다. 나는 애들이 잘못한 건 그야말로 이실직고하면 얼마든지 군소리 없이 봐주지만 거짓말, 핑계를 대는 건 절대 용납 안 한다. 집안이 발칵 뒤집힌다. 가장 큰 벌로 자존심을 짓뭉개버린다. 세상에 핑계처럼 비겁하고 치사한 게 어디 있느냐고.

이것은 여담이지만, 언젠가 내 아는 분이 나더러 행여라도 누가 금요일에 갚기로 약속하고 돈 빌려달라거든 절대 주지 말라고 당부하는 것이었다. 나는 처음엔 무슨 말인가 했다. 틀림없이 그 사람은 그날이 되면 아차! 깜박했다는 양 할 것이다. 그러나 다음은 토, 일이니 자연스레 이틀이란 시간을 벌게 된다. 월요일이 되면 또 휴일 보낸 너절한 헛소리 늘어놓으며 간단히 넘긴다. 화, 수…에야 비로소 자못 그럴싸한 핑계를 준비한다. 이쪽 얼굴빛이 달라져 난색을 보이면 잘해야 그다음 금요일에 갚는데 그래도 그건 양호한 편이라나. (어쨌든 틀림없이 금요일에 갚았네 뭐-) 이렇듯 사람들은 언제나 핑계가 구세주다.

일본의 백세 할머니 시바타 도요의 《약해지지 마》가 한동안 일본과 한국을 온통 떠들썩하게 했다.

근래 2집《100세》가 나왔다. 물론 홍보적 계산도 한몫했겠지만 하도 시끄러워 나도 덩달아 그녀의 책을 읽고 몹시 놀랐다. 문장은 지극히 평이했고 기교도 작가가 노리는 것도 전혀 보이지 않았지만, 아니 그래서 더욱 놀라웠다. 우선 그 나이에 그리 총총한 정신이라서 모두 놀랐겠지만 무엇보다 흔히 늙음으로 범하기 쉬운 회한, 허무, 불안, 푸념…… 등 아니면 훈육, 노욕, 고집, 유세…… 등의 늙은이 티가 그 어느 구석에도 전혀 없는 것이었다. 간결하고 상큼한 문장에 뭐니뭐니해도 후진들에게 열심히, 굳세게 살아주길 바라는 사랑이 한눈에 들어와 너무 좋았다. 그런 글 쓰기가 그리 쉬운가.

"약해지지 마" "포기하지 마" "힘내" "조금만 더"…. 얼마나 사람의 힘을 북돋는 사랑의 말인가. 누군가 이런 말을 진심으로 '위하여' 해주는 사람을 가진 사람은 참으로 행복한 사람일 것이다.

그런데 나는 미련하게도 나 자신을 채찍질하는 데 그런 따뜻한 힘을 실어주는 게 아닌 까칠하고 정나미 떨어지는 십팔번 문자가 있다.

"핑계 대지 마!"

행여 변명거리라도 찾을세라 가차 없는 몽둥이다. 정말 생긴 대로 놀고 있다. 안쓰러운 자신을 좀 위무하면 어디가 덧나나? 하지만 나는 재빨리 내 잘못을 인정하고 들어가는 게 차라리 더 쉽고 익숙하다. 얼른 내 탓이었다고 받아들이고 나면, 나는 내가 와락 사랑스러워진다. '그래, 잘했어. 과연 김유심이야. 아무렴! 너만한 사람 어딨어?' 하! 가관이다. 나는 곧잘 이런 식으로 스스로를 위로한다.

며칠 전 어느 매점에서, 정수기마다 같지 않아서인지, 온수 한 잔 빼다가 물이 잘 안 나와 그만 손으로 물을 받고 말았다. 앗, 뜨거! 물이 100도가 되는 듯 보통 온수기보다 훨씬 뜨거운 것 같았다. 손이 버얼겠다. 어머야!

찬물로 헹구고 나서 좀 나았고 나는 그대로 집으로 돌아왔다. 돌아오는 길에 계속 손이 후끈거렸다. 동네 약국 앞에서 차를 내려 사정을 얘기했더니 바르는 겔을 주었다.

집에 들어와 우선 찬물로 헹구다가 바가지에 물을 받아 손을 담갔다. 금방 나을 것 같았다. 당장 내 입에서 튀어나온 말.

"에이, 이러면 되는 걸 어쩜……."

찬물에 담그라는 한마디면 될 걸, 친한 사이에 기어코 약을 팔아먹다니, 사람들은 그저 돈, 돈밖에 몰라. 도대체 모두가 못마땅했다.

나는 '이제 됐다'고 손을 씻고 방으로 들어왔다.

아무렇지도 않던 손이 따뜻한 이불 속에 들어오자 또 후끈거리기 시작했다.

'……?'

점점 똑같아졌다. 나는 결국 사온 약을 흠뻑 발랐다. 한 시간 이상 지난 뒤 손을 씻고 방에 들어와 이불 속에 손을 넣었다. 괜찮았다.

"오, 주여!"

부정적으로 앞지른 성급한 성미를 곧 회개했다. 그가 돈 몇천 원을 더 벌고자가 아니었던 것을. 그는 내게 그냥 자기 식대로 쉬운 방법을 가르쳐줬을 뿐인데 내가 그리 불쾌해하고 있는 속내를 어찌 알았으랴, 민망했다.

금세 죄송하고 미안해지는 아릿한 마음-. 물론 그 약 바른 시간만큼 찬물에 담그고 있었더라도 아마 화기는 빠졌을 것이다. 그러나 나는 일단 내가 투항하면 다른 쪽은 더 이상 더듬지 않고 자신을 찌르는 쪽이 훨씬 편한 체질이다. 그것이 내게 더 기쁨이 되기 때문이다.

"핑계 대지 마!"

눈이 번쩍 뜨인다. 결벽증이라 해도 어쩔 수 없다. 비겁하고 치사한 채로 스스로를 내팽개쳐둘 수는 없는 것 아닌가.

끝으로, 같은 핑계지만 여기 애정을 듬뿍 담은 애절한 핑계 이야기가 있다. '자녀를 위한 기도'라는 나의 졸작 간구의 시 중 한 소절이다.

> 많이 맡긴 자에게 많이 찾으시는
>
> 당신의 결산 때
>
> 핑계하지 않게 하소서.

대지 말아야 할 핑계 중에서 단연 압권이다.

이 기도문은 외울 때마다 가슴 뭉클하고 벌벌 떨린다. 설사 그동안 그럭저럭 핑계가 통했을지라도 그날, 하나님과의 결산 때만

은 부디 핑계하지 않는 자녀이길 바라는 부모의 심정이 누구라고
어찌 다르랴.

　주여! 부디…… 아멘.

제가 뭔데

"지(제)가 뭔데"는 내가 두고 쓰는 십팔번 문자다.

듣기 따라선 몹시 고깝고 역겨울 것이다. 사람들이 하도 티꺼우면 나는 가차 없이 아무에게나 날린다. (물론 본인 안 듣는 데서.) 그러나 그 말은 뱀 대가리처럼 쳐드는 나의 오만을 때리는 망치일 때가 훨씬 많다.

나는 손힘이 약해서 작은 약병 병마개 하나도 잘 못 딴다. 칼이나 고무장갑 등 들은 대로 다 써먹지만 잘 안 된다. 결국 아래층 애들을 올라오게 해서 따게 한다. 누가 보면 짐짓 동정심을 유발하려는 제스처 같다. 언젠가 나는 친구들에게 이 얘기를 하면서 "형! 그래도 잘난 척은 혼자 다 해요" 하며 꼭 남의 얘기처럼 스스럼없이 하니까, 와- 친구들이 일제히 웃어댔다. 맞다. 진짜 웃기는 짠 장면이다. 아무리 저 잘난 맛에 사는 세상이라지만 인간이 잘난 척도 어느 정도지, 정말 꼴값할 때가 너무 많다.

내가 카톡을 애용한 지는 그리 오래지 않다. 친구들도 하나둘 이제야 배우느라 부산하지만 아직도 기계 다룰 줄 모르기는 피장파장이다. 까똑! 까똑!……

어떻게나 여기저기서 날아오는지, 일하는 데 지장을 줄 때도 많다. 궁금해서 또 안 볼 수도 없으니 말이다.

카톡은 대부분 출처 불명의 것일 때가 많다. 나는 친구들에게 무조건 보내지 말고 자기 이름을 걸고 쓴 글만 보내라고 주문한다. 건강이나 생활 정보는 거의가 어느 병원 무슨 교수 정도면 썩 준수하다.

어느 날 이런 게 날아왔다. 동서독 분쟁 때 분계선에서 일어난 역시나 출처 불명의 것이었다.

당시 동쪽에서 빈 박스, 빈 깡통 등 어찌나 많은 쓰레기를 서쪽으로 투척하는지, 서독 사람들은 골머리를 앓았다. 화가 난 나머지 우리도 보내온 쓰레기에다 우리 것까지 합쳐 보내자고 의견을 모았다. 그러나 차마 그럴 수가 있느냐며 한껏 멋을 부린다고 과자, 건어물, 통조림 등 부패 안 될 식품을 덤프트럭에 하나 가득 실어다 동쪽에 쌓아두고 거기 이런 팻말을 박아두었단다.

"사람은 자기가 가진 것을 주기 마련이다."

너희는 쓰레기밖에 없지만 우리는 이리 물량이 풍부하니 보라는 누군가의 친절한 해설이 더욱 가관이었다. 이런이라니! 나는 지금껏 그 어디서도 이렇듯 유치찬란한 유세를 본 적이 없다. 벨이 뒤틀리고 구역이 치밀어 올랐다.

나는 옳다꾸나 싶어 우리 애들의 채팅방에 이것을 보냈다.

다른 땐 엄마가 뭘 보내면 금세 들어붙는데, 왠지 한동안 한 놈도 대꾸가 없었다. 결국 나는 더 기다리지 못하고 바로 설교로 들어갔다.

팻말의 말이야 만 번 옳고말고. 그러나 말이란 그 자체의 뜻보다 왜 그 말을 하느냐의 저의가 그 말의 본모습인 것이다. 구태여 노블레스 오블리주의 유식한 용어를 빌려 쓸 것도 없이 제가 더 낫다는 것은 상대를 감동으로 스스로 무릎 꿇게 하는 것, 그 이상도 이하도 아니다. 그리고 뭘 가르친다는 것은 결코 제가 더 많이, 잘 알기 때문이 아니요, 다만 제가 먼저 알았기에 상대의 유익을 위해 필요로써 정보를 제공하는 것일 뿐이다.

결언: 서쪽은 차라리 트럭째 그대로 두고 그냥 말없이 돌아왔어야 했다.

그제야 애들이 일제히 들어붙었다. 엄마 말이 명언이라고. 그러니까 애들은 그때까지 그 팻말의 인용어가 찜찜해서 그러고 있었던 것이다. 결국 나는 충분히 목적을 달성한 셈이었다.

나는 지금 이 순간도 그 팻말대로 동의하고 있을 썩 많은 사람들을 생각하면 우울하기 그지없다.

그럴 거면 차라리 처음부터 쓰레기로 맞받아치는 것이 훨씬 더 인간적이었다. 물론 그리되면 악순환이 계속될 터라 일껏 고안해

낸 묘수가 그리 가소로운 치행(癡行)이었다니 민망할 따름이다.

좀 고답적으로 들릴는지 모르지만 하나님이 가장 싫어하시는 "악하고 게으른" 것은 인간을 타락시키고 또 착하지도 충성되지도 못하면서 그런 척하는 위선과 허세는 인간을 그대로 비열하게 한다. 오늘날 경이로운 물질문명의 발달에 비해 사람들의 인간성이 창조자의 계획대로 참되고 거룩하게 성장하지 못하도록 훼방하는 요인은 과연 무엇일까? 알고 보니 의외로 답은 간단했다. 그것은 '나'의 지향하는 기준이 모두가 언제나 '너'에 두고 있기 때문이었다. '너'만 이기면 내게 문제는 없었다.

그러자. 좀 쉽게, 아니 아주 쉽게 얘기해보자.

어느 장사꾼이 오랜 준비 끝에 맘먹고 번듯한 큰 가게를 내게 되었다. 정말 이 부근에선 이만큼 물건을 고루 갖춘 가게는 없을 거라며 그는 의기양양했다. 상호도 걸맞게 "만물상회"라고 붙였다. 드디어, 누구도 이 가게에 와서 그냥 나가는 일이 없을 거라며 뻥뻥거린 오픈 데이. 첫 손님을 맞았다.

한 스님이 들어오며

"목탁 있어요?"

"………."

"뭐야, 만물상회? 형!"

'히히, 내 그럴 줄 알았지.'

언젠가 욕기를 읽다가 박장대소한 적이 있다.

자, 하나님이 다그치신다. 산 염소가 새끼 치는 때를 네가 아느냐? 암사슴이 새끼 낳을 기한을 네가 알 수 있느냐? 그것이 몇 달 만에 만삭이 되는지 아느냐? 그 낳을 때를 아느냐? 아느냐, 아느냐, 아느냐……

나는 배가 아프도록 통쾌하게 웃었다. 그러게나!

도대체 사람이 가졌으면 몇 푼이나 더 가졌다고, 알았으면 책장 몇 장 더 넘긴 게 뭐 그리 대수라고 가진 척, 아는 척, 도토리 키 재기로 날 새는 게 인생이란다. 기껏 뛰어봤자 벼룩이면서 지가 뭔데 건방을 떠느냐고요!

옥탑방 체험

　빈약한 육체 덕분에 그동안 나는 더위를 잘 안 타서 한여름 나는 동안 1년에 2, 3일쯤, 그것도 손님이나 와야 거실의 에어컨을 켰었다. 그러니까 우리 집 에어컨은 순 액세서리다.

　우리 에어컨이 고장이 난 것을 작년에 알았다. 도무지 선풍기나 에어컨의 차이가 없어 기사를 불렀더니 실외기에 문제가 있어 고치는 것보단 바꾸는 게 더 낫겠단다. 생각보다 그 실외기 값이 비싸다는 데 나는 놀랐다. 설치한 지가 그리 오래된 것도 아니요 심하게 사용한 것도 아닌데, 도통 알 수 없는 노릇이었다. 어쨌든 다음 해 사용 시 결정하기로 하고 그땐 그냥 넘어갔다.

　그리고 어느새 다음 해 여름이 왔다. 그런데 하필이면 무슨 백년 만에, 사상 처음 닥친 폭염이라고 온 나라가 시끌벅적 난리가 났다. 정말 엄청난 이변이 일어난 것이다. 이 나라가 사계절 아름다운 금수강산이란 말은 옛날얘기에서나 듣던 소리만 같이 아득했다. 모두들 숨이 칵칵 막혀 죽겠다고 아우성이었다.

'아차! 이를 어쩐다지?'

일이 밀려서, 기사가 부른다고 금방 달려오는 것도 아니요 난감했다. 특히 우리 집은 공원에 붙어 있어서 경관은 시원해 보이지만 서향집이라서 오후엔 어찌나 햇볕이 강하게 들이쬐는지 온 집 안이 완전히 찜통이었다.

'아, 이런이라니!……'

결국 나는 미장원으로 출근을 하게 되었다. 미장원 마담은 K교회 권사님으로 임의로운 사이였지만 그렇다고 남의 영업집에 날마다 차마 사람이 할 짓이 못 됐다. 그래도 뻔스럽게, 영업장은 조촐하고 휑한 것보단 북적거린 게 더 보기 좋지 뭐, 자위하며….

그런데 드디어 사달이 나고야 말았다. 각 교회의 피서법의 하나이기도 했지만 K 마담이 바로 교회의 기도원 행렬에 합류하는 바람에 미장원이 며칠 문을 닫게 된 것이다.

'어머야! 그럼 난 어쩌라구….'

나는 생각만 해도 끔찍했다. 친구를 백화점으로 불러낼까, 교외로 데리고 나갈까…. 아냐, 하필 그날은 더욱 영락없이 길거리에서 쪄 죽기 딱 십상인 날씨였다.

그러자 나는 갑자기 자리에서 벌떡 일어섰다. 나는 나도 모르게 우적우적 아랫집으로 내려가고 있었다. 아랫집은 우리 둘째네 집이었다.

하! 누구는 아마 이쯤에서 맥이 탁 풀리고 기가 막혀 역정이 날
는지도 모르겠다.

'지금 더운 사람 붙들고 뭐 하는 짓이야?'

아래에 자식 집을 두고 너스레 말장난에 놀아난 걸 억울해 씩씩
거리는 모습이 눈에 선하다.

맞다. 바로 그 점이다. 시방 내가 너절한 사설을 늘어놓고 있는
게 말장난인지 그쪽이 성급한지는 좀 더 두고 보기로 하자.

이웃집 노친네라도 몸조심하시라는 게 자고 새면 인사인데, 시
방 집안 꼴을 번히 알면서도 그 여러 날 동안을 인기척도 없는 자
식이 그래 무슨 자식이던가. 설마 죽기야 할라고, 글쎄, 그 통에 거
기가 어디라고 내려가다니, 나는 자신을 도저히 용납할 수가 없어
날씨보다 내 속이 더 들끓었다. 나는 차라리 그만 그대로 칵 죽어
버리고 싶은 심정이었다. 아, 사람이 이래서 자살을 하나 보다고
번뜩 생각했다. 자식 복이 이쯤인 데야 합당한 예우일 터. 정말 나
는 평생에 자신이 그렇듯 비참해본 적은 또 없었던 것 같다.

문을 열고 들어가니 집 안이 텅 비어 있었다. 정신적인 몸살 때
문인지 나는 베그르… 그만 소파에 길게 그대로 눕고 말았다.

한참 만에 일어나 안방을 기웃해보았다. 비었다. 손주야 학원
에 갔을 터이요, 나는 그날을 토요일로 잘못 알았다. 아들에게 카
톡을 보냈다.

"어떻게 된 거야. 집이 비었네."

아들에게서 전화가 왔다.

"나, 회사서 일하고 있지. 왜?"

"엉, 답답해서 내려왔어."

느닷없이 귀때기를 때리는 다급한 소리가 들려왔다.

"엄마, 방 에어컨도 안 됐어?"

가슴이 확 내려앉고 목을 막고 있던 뭉치가 입 밖으로 툭 튀어나가는 느낌이었다.

'그러면 그렇지. 내 아들이 그럴 리가….'

그러니까 거실 에어컨이야 그렇더라도 방의 작은 것은 성한 줄 알았고, 또 뭐니 뭐니 해도 슈퍼맨 엄마가 그러고 있을 리가 없다고 믿고 있었던 게 분명했다. 아들의 그 당황한 한마디가 내 입을 아주 막아버렸다.

나는 금세 두 손을 모았다.

'주님! 또 제가 잘못했습니다. 전 왜 이다지도 편협하고 옹졸하고 비비 꼬였죠?'

망신스러워라. 나 아닌 아마 누구라도 하나님의 그 왕방울 눈 앞에 주눅이 들 수밖에 없을 것이다.

'용서해주세요. 네, 더 겸손하겠습니다. 더 너그럽고 더 따뜻할게요. 더 친절할게요….'

실로 유쾌한 항복이었다.

'행여 그러다 천사 될라.'

아무렴! 천사가 돼야지. 천사가 될 때까지 스스로 싸워야지.

한동안 서울 시장의 옥탑방 체험 사건으로 시끌했었다.

'형! 걸 꼭 체험해봐야 아남?'

자세한 내용은 잘 몰랐지만 나는 속으로 콧등을 퉁겼다. 소위 정치한다는 사람들은 뭐든 꼭 그리 북 치고 장구 치는 요란을 떠는 게 마뜩잖아서다. 그러나 나는 요즘 그분께 웬지 모를 미안함을 표하고 싶어졌다. 머리로 아는 것과 체험해서 아는 것은 결코 같지 않기 때문이다. 같은 사람이 당한 똑같은 사안이라도 그때그때 마음의, 심적 상태에 따라 그 느낌의 강도나 심도가 얼마든지 다를 수도 있다는 걸 요즘 내가 여실히 배웠으니 말이다. 사실 누가 누구를 이해한다는 것은 엄밀한 의미에서 거짓말이다. 그저 알 것 같은 느낌으로 마음을 열어준다는 정표일 따름이다. 유행가 가사대로 내가 나를 모르는데 네가 나를 알겠느냐. (웃음)

흔히들 약자가, 민초가 어쩌고저쩌고 아는 척, 지극히 위하는 척, 제발 그 생색 좀 어지간히 내줬으면 좋겠다. 그들과 가까이 접촉이라도, 어울려라도 보려고 애쓰는 사람이라면 나는 대단히, 무척 존경할 것이다. 그렇다. 나는 올여름 같은 폭염에 선풍기도 없이 옥탑방에서 살아낸 사람이 덥다면 비로소 그게 더운 거라고 믿기로 했다. 언제부터 우리가 선풍기에 에어컨 속에서 덥다고 엄살을 떠는 귀족이었던가.

내겐 한 가지 아리송한 문제가 있는데, 우리나라의 수준, 위상을 도무지 가늠하지 못하겠다는 것이다. 셋방살이는 해도 BMW는 타야 하고 제 에미는 새끼들 멕인다고 이고 지고 버스 타고 오고 있는데, 온 가족 구라파 여행을 떠나는-. (온 가족? 하! 부모는 가족 속에 끼지도 못 하는데, 그래서 선진 사회인가.)

그래서? 그다음은?……

부디 불문가지(不問可知)도 명약관화(明若觀火)도 아니길 빌자.

새삼스러운 얘기지만 돌보고 보살피는 기독교의 사랑은 감정의 유희나 낭만이 아니다. 바로 존재(하나님) 자체요 삶 그 자체인 거라고 성경은 오늘도 목청껏 외치고 있잖은가. 그래서 그날에 반드시 우리 모두 함께 저 시온의 대로에서 화려한 퍼레이드를 펼칠 거라고.

하여, 사랑하는 형제들이여! 비록 오늘 세상이 아무리 이리 요지경 속이지만 제발 이쯤에서 우리 이제 그만 제 분수를 알자!

그리고 지키자!

누구도 저 옥탑방에서 건져내기 위해.

사랑은 곧 살려야(남을) 사는(내가) 상생이니까.

우등생과 모본(模本)생

지금도 마찬가지지만 나는 특별할 때 외엔 서재의 책상을 잘 이용하지 않는다. 젊었을 때부터 책을 읽거나 작품 구상, 초고는 꼭 거실의 소파에 질펀히 반쯤 누워서 하는 별난 습관이 있다. 성경, 주석, 성경사전, 국어사전, 한자사전, 영한사전, 한영사전, 백과사전, 관련 서적……. 사람이 워낙 게을러서 도중에 일어났다 앉았다 안 해도 되도록 손 닿는 위치로 빙 둘러 쫘악 볼 만하게 늘어놓고 있다.

언젠가 친정어머니께서 다니러 와 계실 때였다. 나는 일을 하다 말고 화장실에 갔다. 막 화장실 문을 닫고 나오는데 무슨 긴한 일이라도 있는 듯 어머니가 손짓으로 나를 부르셨다. 무슨 일인가 싶어 어머니 곁으로 다가갔더니 어머니는 시치미 뚝 떼고 웃지도 않고 내가 앉았던 자리를 가리키면서 아주 조용히,

"여기 비었다. 뭣 좀 갖다놔라."

아아니 그래, 책을 좀 모아놓지 뭣 때문에 그리 늘어놓고 있느냐며 어이없어하셨다.

나는 데굴데굴 굴렀다. 마침 잡지사에 보낼 원고를 쓰고 있던 참이라 파지 나부랭이까지 여기저기 널려 있는 게 내 보기에도 좀 심하다 싶었다.

"보추 대가리 없이 뭘 탁탁 버리는 게 아니라며?"

이것은 평소 어머니의 각별하신 훈육이었다.

"버리는 거하고 정리하는 거하고 같냐?"

그제야 소리가 팍 튀며 책을 주섬주섬 모으신다.

"안 돼, 안 돼!"

나는 질겁하고 손을 내저었다. 쌓아놓은 책 빼서 보기가 얼마나 성가신 일인지 몰라서 하시는 거다. 나는 시방 늘어놓고 있는 게 아니라 부러 일하기 쉽게 해놓고 있을 뿐이니까.

오랜 세월이 흐른 지금도 책을 늘어놓고 있을 때마다 문득 그때의 어머니를 생각하며 눈물이 핑 돈다.

"여기 비었다……."

나는 번번이 꼭 실성한 사람처럼 혼자서 한참씩 웃곤 한다. 어째서 그 일이 그다지 그리운 추억이 되는지!

어느 날 막내가 한 말이다. 제가 고3 때 문득, 만약 S대를 못 들어가면 이 집에서 식구로 살아남지 못하겠구나 싶더란다. 다 지난 얘기지만 나는 가슴이 철렁했다.

"무신 그런 섭한 말씀!"

언제 엄마가 헹여라도 공부하지 않는다고 한 번이라도 요즘 엄마들처럼 볶아쳐본 적이 있었느냐고 펄쩍 뛰었다. 믿어지지 않겠지만 정말 우리(엄마, 아빠)는 추호라도 애들 누구한테도 이래라저래라 해본 적이 없었다. (아빠는 물론 농담이지만 형들 때문에 위압감을 느낄까 봐 걸핏하면 "넌 나중에 아빠하고 청계천에서 전파상이나 하자"며 너무 애쓸 것 없다는 식으로 늘 그랬다. 왜 하필 청계천 전파상인지는 묻지 않았지만 아마 이과 출신이라 그랬나 보다.)

그런데 막내의 대꾸가 걸작이었다.

"허구한 날 책 늘어놓고 앉아 있는 엄마 모습이 얼마나 우릴 압박했는지 엄만 모르지."

"뭐? 살다가 별소리 다 듣겠네. 그거야 평생 내 일 내가 했을 뿐이지, 허이구야! 느이가 걸 압박으로 느꼈다면 진짜 하나님 은혜네, 뭐."

그랬다. 똑같은 사안이라도 동기 부여란 얼마든지 사람마다 다를 수 있겠거늘 하나님 은혜랄밖에.

사실 우리가 애들에게 전혀 잔소리하지 않은 것은 지네들이 다 잘 알아서 해주기 때문이었다. 그런데도 엄마가 다른 엄마들 같잖게 평소 칭찬에 인색한 편이라 놈들이 많이 서운한가 보았다. 맞다. 나는 점수를 잘 받아왔다는 이유만으론 결코 칭찬도, 좋아하지도 않았다. 왜냐하면 어떻게 된 게 우리 세 놈은 모두 물고 뜯는 열심형이 아니다. 우리(엄마, 아빠)는 밑동까지 끝장을 보는 추구

형이니 놈들이 못마땅한 것이다.

"칭찬 좋아하시네. 다섯 달란트 받은 터에 한 달란트 받은 자가 네 달란트 남길 때까지 유치하게 제가 더 많다고 유세 떨 거야? 다섯 달란트가 어디 제 꺼야?"

또 지겨운 십팔번 그놈의 소리. 놈들은 본전도 못 찾고 슬금슬금 빠져나간다.

나는 놈들이 좀 안됐어서 등 뒤에 대고 다정한 넉살을 떠운다.

"허! 그 어려운 말을 알아듣다니 그래도 제법이네."

나의 다섯 달란트 지론은 이렇다.

한 달란트 받은 자가 네 달란트 남겨 다섯 달란트를 내놨다면 다섯 달란트 받은 자는 25달란트를 내놔야 동률이다. 그러나 그것은 단순한 산술상의 동률이요 다섯 달란트 받은 자는 마땅히, 아니 반드시, 그 이상을 내놔야 한다는 게 엄마의 셈법이다. 왜냐하면 소액 자본과 거액 자본은 결코 등비(等比)일 수가 없으니까.

현대 경영학은 거액 자본에게 기하급수적인 이윤 창출을 요구하며, 그것이 왈 '책임'이라고 엄마는 명명한다.

만약에 모든 산술을 그냥 등비로 처리할 거면 애당초 하나님께선 모든 사람에게 달란트를 똑같이 나누어주시지 구태여 차등을 두어 맡기지 않으셨으리란 논리다. 머리 좋은 게 뭐 횡재라도 만난 줄 알았느냐고 면박을 준다. 놈들은 엄마의 논리에 반론할 근거를 찾지 못하고 자기네도 엄마가 서운하지만 엄마도 자기네가 성에 차질 않는구나 싶어 꿀 먹은 벙어리가 되고 만다.

나는 우등생과 모범생이 같은 레벨이란 걸 일찌감치 어렸을 때 터득했다. 우등생은 공부가 우등이요 모범생은 공부와 상관없이 착하고 바르면 모범일 거라고 으레 그렇게 정의하고 있었다. 그런데 초등학교 때 어느 날 선생님과 친구들의 통지표를 정리하다가 나는 의아해서 선생님께 물었다. 아무개는 정말 누가 봐도 착하고 얌전한 모범생이었으나 그는 조행 평가가 '양'이었다. 이거 잘못된 거 아니냐고…. 선생님이 말씀하셨다. 성적이 85점 이상부터가 '우'란다. 그건 우등생 얘기 아니냐고 다시 물었다. 선생님은 다시 똑같은 말을 하셨다. 성적이 85점이 못 되면 품행이 '우'가 못 되는 거라고.

그로부터 내 머릿속은 그 불합리한 논리의 근거를 찾아 어지간히 복잡했다. 왜? 왜?…… 품행이 성적과 무슨 상관이란 말인가?

누가 가르쳐주지 않았지만, 드디어 나는 스스로 그에 대한 해답을 얻었다. 아, 맞다! 학생은 일단 공부가 본분이니 어느 기준만큼 오르지 못하면 다른 것도 '모범'의 범주에 들지 못해야 하는 게 어쩌면 상식일 것 같았다. 가령 좋은 예로, 아무것도 몰라서 입 다물고 있는 건 결코 얌전이 아니란 풀이가 나왔다. 와! 나는 그런 결론을 도출한 스스로가 신통하기만 했다.

지금 보니 알고도 아는 체 안 하는 게 겸손이었다. 안다고 시시콜콜 아는 체하는 건 경망이요, 모르면서도 아는 체하는 건 푼수렷다. (웃음)

평소 애들에게 엄마의 지겨운 잔소리 십팔번이 또 하나 있었다.

"기준을 기준 하라." 물론 여기서 말한 기준은 '진리'지만 아직 애들에겐 버거울 터라 무조건 남 보지 마라, 왜 남이 나의 기준이어야 하는가, 나는 그냥 나다우면 된다, 어디까지나 나는 나다, 남의 흉내로 인생을 소진하는 것이야말로 바보 중의 바보다……. 어려운 얘기지만 하도 짖어대니까 아마 나름대로 자기 그림을 그릴 것이었다. 삶은 끝없는 자기 자신과의 싸움이란 게 본론이었다.

오늘도 나는 나의 지론을 보다 정확히 하고자 짐짓 '모범'이란 도식적인 용어를 피하고 싶었다. 비교, 견줌의 산물이 아닌, 나를 위한 나만의 본보기를 상징하는 '모본'을 택했다. 열심히 자기 본(本)을 그리라고. 이것은 내가 어디서나 전하는 말씀의 근간이다.

자, 자꾸 더 관념적으로 얽히는 것 같아 마침 여기 합당한 예화로 얘기를 보다 쉽게 바꿔보자.

영국의 전 수상 대처가 식료품 가겟집 딸이었다는 것은 우리가 익히 아는 사실이다. 엄마가 바쁠 땐 대처가 가게 일을 거들었다. 어렸을 때 어느 날 친구들이 놀자고 대처를 데리러 왔다. 대처는 어린 맘에 금세 좋아라며 얼굴이 환하게 피어올랐다. 그때 그 모습을 보며 그의 아버지가 했다는 말. (그 아버지는 나중에 그 고장 시장을 역임했다.)

"나는 내 딸이, 지금 남들이 뭘 하느냐가 문제가 아니라 내가 지금 무엇을 어찌해야 할지를 알아차릴 수 있는 사람이었으면 좋겠다."

이 한마디가 훗날의 대처를 만들어낸 거라고 했다.

이것이 마땅히 교훈이요 교육이어야 하겠거늘 오늘도 한쪽에
선 목이 터져라 외쳐대건만 메아리도 없는가 하면 대부분의 많은
사람들은 남의 휘황한 겉모습에만 눈알을 휘둥그렇게 굴리며 쫓
아다닌다.

교훈이, 교육이 빛을 잃은 세대. 우리 모두 여기 잃어버린 자기
정체성을 찾는 광고를 낼 꺼나.

요즘은

사람들은 악을 행하지 않으면 다 착하다고 생각한다. 특히 자기 자신에겐 누구나 지극히 당연하게 그 논리를 적용한다. 착각이다. 악행 하지 않고 가만히 있는 것이 착한 것이라면 세상에 착하지 않은 사람이 몇이나 되랴. 그러니 정확히, 악을 행함으로 악한 것이요 선을 행해야 비로소 선한 것이다.

우리는 흔히 아이가 얌전하면 "어휴, 착해라!" 하며 머리를 쓰다듬어준다. 아마 이것이 얌전히 있는 것을 착하다고 생각하는 오해의 소지인 것 같으나 여기서 아이에게 착하다고 칭찬하는 이유도 착한 일을 한 분명한 행위의 평가란 말이다. 그러니까 아이가 가만히 있어서가 아니라 그 또래 아이면 으레 나부대고 설쳐서 골칫거리를 장만해야 하는데, 남 앞이라고 하고 싶은 걸 제 딴엔 눈치 보며 참고 있는 것이다. 칭찬받아 마땅하다.

해서는 안 될 일을 하는 것이 악이요 마땅히 해야 할 일을 하지 않음도 악이다. 해야 할 일을 즐겨 행하는 것이 선이요 해서는 안 될 일을 낑낑대며 참고 안 하는 것도 선이다. 아무것도 안 하는 것이 선이요 악이 아니란 말이 틀렸단 말이다.

이쯤에서 또 불가불 부작위범의 해악을 예거하지 않을 수 없겠다. 가령 어미가 짐짓 갓난아기에게 젖을 먹이지 않아 굶겨 죽여 놓곤 저는 아무 짓도 안 했으니 잘못이 아니란다. 그런가?

또 골목에서 애들이 여럿이 편먹어 한 아이를 때려죽이는 걸 곁에서 장정이 불구경만 하고 있었다. 잘못이 아닌가?

물론 후자는 전자에 비해 법적인 아무런 제재도 없다. 그러니 선인가? 만약 우리가 이를 귓등으로 흘린다면 "행동하지 않는 양심은 악의 편"이란 명언을 많은 사람들이 왜 그다지 환호하는지 무색게 하는 결과가 되고 말 것이다. 이 명언은 그냥 멋스런, 폼 나는 말이 아니다. 사람이 마땅히 해야 할 일을 하지 않고 가만히 있는 것이 안 해야 할 일을 하는 것에 못잖은 해악이란 걸 나는 지금 거듭 강조하고 있는 것이다.

여기 또 좋은 예가 있다. 스피노자는, 평화란 싸움 없이 가만히 있는 것이 아니라 영혼의 저 깊은 곳으로부터 솟구치는 힘의 미덕이라고 했다. 그렇다. 사람이 만약 영혼의 저 깊은 곳으로부터 아무런 힘도 받지 못한다면 그는 불안, 두려움으로 전전긍긍할 것이다.

더 나아가 프란치스코 교황은 평화는 전쟁 없이 조용한 것이 아니라 정의가 싸워 이긴 결과물이라고 했다. 바로 평화가 정의의 전리품이란 것이다.

시한폭탄을 안고 있는데도 그냥 조용한 상태가 어찌 평화일 수 있겠는가. 나는 부끄럽게도 성경에서 말한 (착하고 충성됨이야 당연하지만) 어째서 '악하고' '게으름'이 동위(同位)인가를 이제야 비로소 깨달았노라 고백해야겠다.

기왕 내친김에 또 다른 재미있는 일화를 보자.

어느 나라에 백성을 몹시 사랑하는 왕이 있었다. 왕은 자나 깨나 어떻게 하면 어린 백성이 행복하게 잘 살 수 있을까만을 궁리하고 있었다. 드디어 그 나라의 학사들을 모두 소집했다. 왕은 동서고금의 문헌 중에서 백성의 삶에 절대 불가결한 지혜란 지혜를 발췌하라고 어명을 내렸다. 몇 권의 지혜서가 만들어졌다. 왕은 깜짝 놀라 그것을 더 줄이라고 했다. 한 권으로 줄였다. 왕은 그래도 고개를 저었다. 결국 몇 챕터로 간추렸다. 왕은 여전히 미욱한 백성이 그걸 어떻게 실용하겠느냐며 더 줄이라 했다. 드디어 만장일치로 낙착된, 세상에서 가장 지혜 중의 지혜는

"공짜는 없다."

우리가 잘 아는 얘기다. 지금까지 누차 강조한 대로 세상에 가만있는데 얻어지는 좋은 것이란 없었다. 누가 불로소득을 축복이라 했던가. 그는 곧 쓰디쓴 맛을 보게 될 것이다.

나는 "요즘은…"이란 용어에 알레르기가 있는 사람이다. 누가

"요즘은" 하고 나서면 나도 모르게 반사적으로 머리끝이 쭈뼛 선다. 그것은 필시, 그 자신의 부족도 잘못도, 앞으로 행할 온당치 못한 것까지 모두 적당히 버무려 치우려는 술수임에 틀림없을 것이기 때문이다.

으레 덮어놓고 "요즘은 안 그렇"단다. 그 한마디면 뭐든 당연하고 당당하다. 왜 그래야 하는지?

요즘은 자유·개성 시대이니 아무것에도 신경 쓸 것 없단다.

가만! 그건 내 말인데? 그런데 어째 방향이 너무 다르다. 나는 남 신경 끄고 묵묵히 제 길을 가라는 거지만 요즘은 남 의식하지 말고 '제멋대로' 살아도 좋단다. 말문이 막힌다. 어째서 똑같은 말인데 그렇게 해석이 다를까.

물론 시대와 환경에 따라 경향이나 흐름은 얼마든지 다를 수 있다. 그건 어디까지나 시류지, 그러나 본질은 아니다. 유사 이래 인생의 법칙에 예외란 없었다. 왜냐하면 그 원칙은 인간이 만든 것이 아니요, 인간을 지으신 이께서 세우셨기 때문이다. 그러니까 사람은 늘 시류, 패션을 만들지만 지금껏 이 본질을 깨뜨려 성공한 사람은 단 한 사람도 없었다.

재미있는 얘기 하나 하자.

내 어렸을 때 우리 언니 친구를 동네 총각이 좋아했다.

어느 날 친구들끼리 모였는데 그 화제가 올랐다. 드디어 조심스레 소문으로 날았다. 왜 '조심스레'란 표현을 쓰느냐 하면 당시엔 그런 소문이 돌면 안 됐기 때문이다. 이윽고 그 말이 처녀 당사자의 귀에까지 들어갔고, 그녀는 마치 자신이 무슨 부정한 짓이라도 범한 양 창피해서 당황한 나머지 엉겁결에 양잿물을 들이마셔버렸다. 다행히 치사량이 못 됐던지 살아나긴 했지만, 하마터면 언니랑 친구들이 살인자가 될 뻔했다. 웃다가 코가 막힐 노릇이다. 로미오와 줄리엣이 요새 얘기가 아니요, 이 도령과 성춘향도 요새 얘기가 아니다. 수천 년 전부터 남녀는 서로 사랑했고 오늘도 사랑하고 있으며 앞으로 수천 년 후에도 사랑할 것이다. 이처럼 설사 시류에 따라 인식의 흐름이 어떻게 바뀔지언정 본질상으로 인간이 언제라고 다를 이유가 없다는 말이다.

그래, 그야말로 '요즘 사람들'에겐 맹하게 들릴 수밖에 없는 얘기를 좀 더 해야겠다.

나는 지난 올림픽 때 이상화의 그 울먹이는 모습을 보면서 감동을 받았다. 간발의 차이로 금을 놓친 것에 대한 아쉬움? 오랫동안 절치부심했던 기대에 대한 허탈함? …… 자세한 속내야 본인만의 것이겠지만 나는 지금 이내 곧 그녀의 그 의연한 모습에서 '감동'을 느꼈노라 말했다. 그것은 분명 아무나 흉내 낼 수 없는 훌륭함이었다. 그러니까 어느 분야나 세계적 챔피언은 단순한 기술이나 기능의 최고를 말하는 것이 아니란 것이다. 그것은 거기에 다다르기까지 그가 쌓아 올린 그만큼 피나는 성숙 된 인격 바로 그 자체니까. 설사 권투나 격투기라도 그냥 치고받는 힘이나 기술 문제만은 아니란 말이 되겠다.

얼마 전 TV에서 조수미가 치매에 걸린 제 엄마와 전화하는 것을 보았다. 그녀는 복도로 살짝 빠져나와 조심스레 전화기에 대고 엄마에게 동요를 불러주고 있었다. 엄마가 따라 했다. 그 바쁜 와중에도 짬을 내어 엄마와 함께하고 있는 (어쩌면 치료차?) 그 모습에서 나는 앞에 이상화에게서와 똑같은 느낌을 받았다. 나는 왠지 울컥 그 모습이 그렇게 귀하고 고마울 수가 없었다. (나는 지금 왜 그것들이 훌륭한 인격으로 내게 다가오는지 알 수가 없다.) 나는 그냥 공연히 기분이 좋았다. 시큰한 눈물을 감추려는 양 조용히 눈을 감으며 나는 그녀에게 뜨거운 위로와 경의를 보냈다.

요즘은, 아이들은 사춘기가 어른은 갱년기가 어지간히 시끄럽다. 어쩌자고 그다지 요란 벅적을 떠는지 알다가도 모를 노릇이다. 그래, 옛날 사람들은 호르몬 분비도 안 됐고 밥을 안 먹어도 배도 안 고팠기에 그 어려움을 참아낼 수 있었더란 말인가.

요즘은 제 형편 사정이야 어떻거나 남 하는 건 다 따라 해야 하고 저 하고 싶은 건 무조건 해봐야 직성이 풀린다. 그래, 누가 요즘 사람에겐 그런 특권을 부여했단 말인가. 그 뒷설거지는 누가 해줄 건데?……

우리는 6천 년 전의 성경을 들고 만년 후의 세상을 유추한다. 분명한 것은 그 어떤 시대가 도래해도 결코 인간에서 돌연변이하지 않고 이대로의 본성을 지닌 채 살다가 죽을 것이다. 하여, 영원히 변치 않을 인간이 진정 살아서 무엇을 해야 할 것인지, 안 해야 할 것인지. "요즘은"을 골백번 동원해도 결국 진리만이 그 기준이 되고 말 것이다. 악은, 그것이 잘못인 줄 번히 알면서도 용인해주는 관대한 환경 때문에 그만큼 더 창궐하게 마련이다. 바로 요즘처럼.

그래서 또 여기 불가불 두려운 말씀을 소개한다.

이 땅에 무섭고 놀라운 일이 있도다

선지자들은 거짓을 예언하며

제사장들은 자기 권력으로 다스리며

내 백성은 그것을 좋게 여기니

마지막에는 너희가 어찌하려느냐(렘 5:30-31).

(문제는 "내 백성이 그것을 좋게 여기"는 데 있다 하겠다.)

봉은사역 유감(有感)

애들을 경기고를 보내느라고도 그랬지만 송파, 강동에서 어느덧 수십 년을 살면서, 또 논현동 언덕배기에 사무실을 두고 보니 봉은사 앞길을 어지간히 닳도록 지나다녔다. 백화점, 코엑스, 공항터미널 등 이제 그쪽은 완전히 우리 안마당이 되었다. 그런데도 아직 봉은사 경내엔 한 번도 들어가 본 적이 없다니 꼭 배타적 종교관 때문인 것 같아 좀 찔린다. 꼭 그래서도 아니지만.

그 앞으로 전철 9호선이 개통되면서 봉은사란 이름이 새삼 내게 따뜻하게 다가온 느낌은 무슨 조화일까. 글쎄, 한동안 역명을 '봉은사역'이 되니 안 되니 옥신각신하던 시비 등쌀에 공연히 이맛살을 찌푸렸던 부담이 가셔버린 탓일는지도 모르겠다.

세상에…… 그렇게들 할 일이 없단 말인가. 떠들 걸 떠들어야지. 그래, 왜 코엑스역은 되는데 봉은사역은 안 되는가? 그것이 신앙과 무슨 상관이기에 교계 어르신들께서 그 난리였는지 나는 자신이 이 땅의 기독교인이라는 게 부끄러워 숨고 싶을 때가 가끔 있다. 만약 소망교회 앞으로 전철이 나서 '소망교회역'이라 명명했다고 입에 거품 물고 나설 불자가 있을 것 같지도 않아서 말이다. 나는 종교 다원주의자가 아니다. 그러나 유구한 역사 속에 이 민족의 정서였던 천년 고찰을 시민이 이름 한번 불러준들 무슨 그리 큰일 날 일이라도 있는가?

내 보기에 정말 교계가 저래도 되는가 싶을 때가 그동안 참 많았다. 약육강식이 당연한 세상, 사악한 부조리가 난무하고 민주주의가 압살돼도 정교 분리 피켓만 높이 들고 꿀 먹은 벙어리마냥 입 한번 뻥긋하지도 않던 어르신들께서 갑자기 물 만난 고기처럼 신나서 떠들어대는 이유가 나변에 있는지 나는 '그것이 알고 싶다.'

나는 지금 계속 몇 편을 같은 테마로 이어가고 있다. 진정 사람이 해야 할 일과 안 해야 할 일을 구별하기란 어려운 노릇인 모양이다. 지혜와 지식의 근본인 하나님을 섬기는 사람들이라면 조금은 달라야 하련만 어이가 없다.

전에 법정에 대해 글을 쓴 적이 있다. 그분은 또래의 동향인으로 여러 가지 인연 탓도 있지만 나는 왠지 그분에게서 그리스도의 강한 냄새를 맡았다. 취향도 사상도 전혀 낯설지 않고 훈훈했다. 예수를 입에 달고 사는데도 예수와는 전혀 상관없는 여느 목회자들에게선 별로 느끼지 못한 분위기였다. 무욕, 무소유는 본래 기독교 사상의 근본이거늘 더 말해 무엇 하랴.

나는 사제나 추기경, 교황에게서 예수님을 자주 본다. 아마 누군가 그들의 예복 때문일 거라 말한다면 나는 단호히 도리질을 할 것이다. 나는 결코 가운 입은 사제에게선 예수님을 느끼는데 평복을 입은 목회자들에게선 예수님을 느끼지 못한다고 말하지 않았다. (언제 예수님이 가운을 입으셨던가?) 만약에 그렇다면 나는 아마 교회를 나가지 않을 것이다. 나는 비록 믿음은 부족하지만 성경을 외면하는 사람은 아니다. 나는 오늘도 세상 그 좋은 것 다 내던지고 피가 터지도록 시멘트 바닥을 손톱으로 후벼 파며 죽을 만큼 고생하고 있는 주님의 참종들을 얼마든지 알고 있다. 그날을 위하여 바알에게 무릎 꿇지 않은 남겨진, 숨겨진 7천 명이 있다는 것을 추호도 의심하지 않는다. 아무리 뭐 몇 마리가 한강 물을 다 흐려 놔도 저 바다 속에 청정어는 얼마든지 있다는 말이다.

드디어 얼마 전 참다못한 어느 목사님이 포효했다.

"이 땅의 기독교여! 제발 이제 그만 바닥을 치고 일어서거라!"

정말 피를 토하는 절규였다.

'아 참! 그래, 그 길이 있었네.'

먼저 이 땅의 크리스천들은 저 진흙탕 밑창에 곤두박질해 처박혀 있는 자신의 몰골을 바로 봤으면 좋겠다. 세상이 그런 우리의 꼬라지를 어찌 보고 있을지를.

주여, 우리를 불쌍히 여기소서.

우리를 이 깊은 웅덩이에서 건지소서.

우리를 위해서가 아니라 당신 자신의 이름의

거룩하신 영광을 위하여 그리하시옵소서.

우리는 모두 이것을 복창해야 한다. 우리는 어서 속히 그만 바닥을 치고 일어나서 하나님의 영광을 세상에 보여줘야 한다. 언제까지 세상으로 너희 하나님이 어디 있느뇨 비웃게 할 것인가.

봉은사, 불국사, 해인사, 백담사……. 역마다 다 줘라. 예수 이름만 안 놓치면 된다. 예수 이름만 잘 지키면 된다.

인도자들이여! 루터처럼 이게 아니다 싶으면 벌떡 일어서서 우리 우준한 양들을 좀 일깨우라!

갈 바를 모르고 유리방황하는 양들이 가엾지도 않은가. 무조건 바쳐야 복 받는다고 이제 그만하고 교회를, 주님을 어찌 섬겨야 하는지를 몸소, 친히 가르치라. 참 복음을, 참 기독교 사상을.

이단, 삼단, 타 종교는 걱정 안 해도 된다. 정녕코 세상은 아직도 우리에게 진심으로 요망하고 있다.

"너나 잘하세요!"

너 좋은 날 남도 좀 좋자

이래저래 교회에서는 늘 십일조 때문에 시끄럽다. 누구는 십일조를 얼마씩이나 한다느니 누구는 장로가 돼가지고 십일조도 안 한다는 둥…. 목사님도 십일조 강조하는 설교가 부담스러워졌다. 교회는 다녀도 아직 동서남북 방향 감각도 없는 사람에게 헌금의 중요성을 가끔 짚어줘야겠는데 진퇴유곡이다. 시대가 급변해서 설교는 각자 귀가 제 입맛대로 알아서 가려서 듣고 헌금은 제 믿음대로 하는 것이지 꼭 돈 놓고 돈 먹는 야바위꾼처럼 해야 쓰겠느냐다. 얼핏 썩 그럴싸한 옳은 말이다. 그러니 대통령도 못 해먹겠다지만 정말 목사도 못 해먹을 노릇이다.

어느 신문 가십난에서 읽은 것 같은데, 미국의 한 신자가 하나님이 네게 복을 쌓을 곳이 없도록 부어주나 않나 시험해보라고(말 3:10) 해서 그동안 착실히 십일조를 했는데 형편은 조금도 나아진 게 없다며, 사기 쳤다고 교회를 상대로 소송을 벌인 것이다. 헌금을 왜 하라는지 성도들 가운데도 그 참뜻을 제대로 아는 사람이 그리 많지 않은 것 같다. 하면 복 받을 거라, 안 하면 벌 받을까 봐, 고작 대부분이 그리 귀결되고 만다.

30대 초신자 때였다. 내 아는 아주머니의 얘기가 어찌나 신선한 충격이었는지 나는 지금도 가끔 얼굴도 모르는 한 남성을 떠올리곤 한다. 당시 그 아주머니의 남편은 은행원이었는데 그분은 크리스천이 아니었다. 그런데 그는 꼭 매월 월급을 받으면 꼬박꼬박 10분의 1을 떼어서 따로 통장을 만들어놓고 있다고 했다. 사람이 제 수입에서 최소한 10분의 1쯤 남을 위해 선한 데 쓰는 것도 좋지 않겠는가 해서란다. 사람은 저 혼자 사는 세상이 아니다, 어떤 형태로든 주위를 돌봐야 내가 산다, 남을 사랑하는 것이 곧 내가 사는 길이다……. 그 부인은 별로 말주변이 없었지만 대충 그것이 자기 남편의 사상이라고 열심히 설명했고 나는 어리벙벙해 차마 대꾸를 하지 못했다. 일개 필부가, 범인이, 와아-.

나는 곧 세상에 그런 사람이, 아니 그 이상의 사람이 얼마든지 있다는 것에 착념했다. 그렇다. 사람은 누구나 두부판처럼 똑같이 찍어낸 물건이 아니었다. 그래서 오히려 세상은 살맛이 나는 거라고. 그러니까 사람은 남 볼 것 없이 각자 저 생긴 대로의 특성을 좇아 사는 것이 가장 잘 사는 창조자의 섭리라는 신앙관이 정립되기까지 참 어지간히 헤맸던 것 같다.

어느 짓궂은 성도가 목사님께 물었다. 하나님은 100원도 안 가져가실 거면서 왜 거룩한 경전에 그렇듯 유치하게시리 협박 공갈성 헌금 강조를 하고 있느냐고. 이건 절대 하나님 말씀이 아닐 거라고 그는 단언했다.

자, 그러면 내가 대답해보겠다.

맞다. 십일조의 참뜻은 앞의 그 은행원의 취지가 옳다. 그런데 헌금 강조가 절대적인 하나님의 강권하심 또한 맞다. 유치하게시리? 그것도 맞다. 그런데 어쩌랴. 인간이 그렇듯 유치한 데야 하나님도 불가피하셨던 것이다.

하나님은 친히 인간을 지으셨으매 누구보다 인간의 체질을 잘 아신다. 구원자 사랑의 하나님은 인간이 왜 서로 사랑해야 하는지에 대해 얼마나 간절하게 권면, 훈육하고 계시는가. 그러나 그 훈육은 타락한 인간에겐 그다지 열매를 기대할 수 없었다. 결국 생사화복의 주관자요 엄위하신 심판주로 불가불 우리 앞에 서신 것이다. 교육은 효과를 위해 채찍과 당근의 '훈련'을 동원한다. 반복된 학습이 습관을 형성하고 그 습관은 그토록 애쓴 사랑의 훈육을 보다 쉽게 흡수한다. 유치해도 어쩌랴. 그 모두가 인간의 죄성 때문인걸.

어차피 신상필벌은 애당초 하나님의 불변의 약속이었다.

자, 이 얘기를 좀 더 쉽게 풀어보자.

요즘은 팔순 잔치 먹어주기에 바쁘다. 모두 또래라 한 달에 몇 건씩 겹치기도 한다. 평소엔 곁엣친구들이 생일 당사자를 축하해주지만 팔순은 당사자가 일체를 전담하기 때문에 우리는 잘 먹어

주기만 하면 된다. 팔십 평생을 무탈하고 장수했음에 자축하는 거
란다. 거 누가 만든 계율(?)인지 썩 잘한 것 같다. 그래서 평생 가
야 친구에게 가락국수 한 그릇 살 줄 모르던 친구도 자식들에게
두둑이 수금해서 거하게 잘 차린다. 나는 그것이 재미있다. 마치
팔순 잔치를 잘할수록 남은 여생을 보장받기라도 한다는 양 선심
쓰듯 다투어 후해지니 말이다.

결혼식 주례를 많이 서는 어느 목사님께서 예식이 끝나고 신랑
신부가 신혼여행 출발 전 인사차 찾아오면 지정 레퍼토리가 있단
다. 좋은 추억 많이 만드는 거야 다 알아서 하겠지만, 그동안 만나
는 사람마다에게 부디, 필히, 후하게 대접하라고 신신당부하는 것
이다. 일생에 그때만큼 좋은 때가 언제 또 있겠는가. 팁도 좀 팡팡
뿌리고 왕자처럼 한번 행세해보란다. 얼핏 농담 같지만 그러나 그
냥 농담이 아니다.

"너 좋은 날, 남도 좀 좋자!"

이것은 심오한 철학이요 바로 신앙이다. 나는 눈이 번쩍 띄었
다. 와, 멋져라!

사람은 제게 무슨 좋은 일이 생기면 한껏 으쓱해서 뽐내며 자랑
단지 두들기는 맛으로 날 샌다. 그럴 때 곁엣사람들과 두루 함께
좋아할 수 있도록 배려하는 사람은 그리 흔치 않다. 아아니 그럼,
그걸 들어주는 사람은 침만 삼키고 있으란 말인가.

몰라서들 그렇지 그 꼴 보고 있는 사람들의 마음가짐은 가지가
지다. 속으로 콧등을 퉁기거나 배 아파하거나 심지어 심통, 역정

까지 나기도 한다. 그런데 제게 이리이리 좋은 일이 생겼다면 말이 채 끝나기도 전에 괜히 신나라 박수를 쳐주게 되는 사람이 있다. 왤까? 그는 좋은 일을 항상 이웃과 나누는 사람이기 때문이다. 글쎄. 박수까진 아니라도 내가 잘된 게 남의 심사를 복잡하게 만드는 사람이라면 좀 심각하게 고민해봐야 할 것 같다. 그러게! 차라리 당근에 맛 들이는 것도 한 대 된통 채찍 맞고 깨닫는 것보다야 나쁘지 않을 것 같다.

사람이 누구에게 무엇을 베풀고 난 뒤 오는 좋은 반응에 기분 나쁜 사람은 한 사람도 없다. 그만큼 혜택을 받은 자의 반응이 하나같이 너무들 좋아서다. 어쩌면 그 때문에 '기분'으로 더 베풀게 되기도 한다. 아무튼 시작이야 어쨌거나 말았거나 그리 자주 하다 보면 드디어 그것이 습관이 되어진다. 물론 처음에야 내가 좋아서 시작했지만 더 나아가면 내 형편 사정과 상관없이 상황 따라 안 할 수가 없게 된다.

우리는 종종 누가 무슨 좋은 일이 있거나 또는 무슨 날의 기념으로 사회에 엄청 크게 희사하는 것을 본다.

그 목사님의 중심은 시방 이 모두가 크리스천의 마땅한 '체질'이 되어지길 강조하고 싶으신 것이다.

앙케트: 어버이날의 존치 여부

한 달에 한 번씩 어버이날이었으면 좋겠다던 친구가 그리워지는 날이다.

그는 지금도 저 하늘에서 이날 맘 설레고 있을까.

매년 어버이날 저녁쯤엔 친구들 너 나 없이 서로 아예 폰을 손에 들고 있다.

"그래, 수금은 잘했어?"

대부분 희희낙락이지만 물론 다는 아니다.

"딸도 없는데 어떤 놈이 그리 알뜰히 챙겨준대?"

"무슨 말씀. 이날이야말로 아들이 터놓고 한번 선심 쓰는 날 아냐?"

"형! 넌 꼭 한 박자 늦더라. 지금은 이미 그 시절도 아니란 거 몰라?"

저쪽의 말씨가 어찌나 퉁명스러운지 귀가 떵하다.

그는 며느리가 선물할 양으로 뭐가 좋겠느냐 타진하면 기겁을 한다.

"아니… 그냥 둬. 나, 다 있어……."

배려가 아니라 행여 그걸로 때워 치울까 봐서다.

코가 시큰하다.

봉투라야 뻔하지만 만약 봉투 두께를 이쪽에서 정할 수만 있다면 그날은 선산에 봉 우는 날일 것-.

어버이날!

과연 동방예의지국 효심만만(孝心滿滿)한 나라답게 난리판이 따로 없다. 정말 가관이다.

문득 사고무친, 혼자서 쭈그리고 앉아 있을 친구가 생각나 다이얼을 누른다.

"……응. 이놈의 녀석들 전화도 없네. 다음 주일에 들르겠다는 심산이겠지….'

상대를 위로한답시고 공연히 또 새끼들 걸고넘어진다. 그래도 '들를지도 모를' 놈이라도 있다는 게 죄스러운가? 크-.

큰놈이 대학을 졸업하고 뜻밖에 신대원을 가더니 목사가 됐다. 코미디언 엄마의 입담.

"허- 이제부터 난 적어도 제주도에 버려질 염려는 안 해도 되겠네. 설마 목사님이……."

당시에 제주도 여행 시켜준다고 부모를 데리고 가서 거기 버리고 온다는 말이 유행이었다.

한 달에 한 번?

에이, 차라리 이날이 없었으면 하는 사람이 의외로 많을 듯싶기도 하다. 문제는 비단 자식이 없어서만도 아니라는 데 있다. 우리나라 노인 고독사율이 세계 앞자리라는데 그들이 모두 무자식이 아니란 말이다.

"싸가지 바가지들……."

문득, 형! 저는 어쨌는데…? 싶자, 저절로 얼굴을 감싼다. 됐네요. 양심 좀 있어라!

그려. 어버이날 없었으면 하는 데 나도 한 표.

"누군 뭐, 어버이날이 없어서 효도 못 하남."

3

끝까지 최선을

다이얼 천국 천 번

내 딴엔 노년을 썩 지혜롭게 계획한답시고 거처를 기도원으로
옮긴 후 내 이름으로 전화가 나왔다. 그동안 내 이름의 전화가 물
론 처음은 아니었지만 장소가 장소인지라 감회가 새로웠다. 내 방
이 대성전에서 가장 크고 전망이 좋은 세계적인 특급 호텔이라고
부러워들 하는 마당에 새 성전, 새 방, 새 전화의 첫 수화기를 집어
든 나는 가슴이 뿌듯했다.

새 전화가 나올 때마다 첫 통화를 누구와 하느냐는 언제고 내겐
하나의 큰일이었다.

1000국의 1000번을 눌렀다. 그야 나는 으레 요식 행위로 그냥
빈 전화통에 대고 말할 참이었는데, 지체 없이 응답이 나왔다.

"안녕하십니까? 초고속 멀티미디어 세상을 열어가는 한국통신
일공공 고객센터입니다. 원하시는 서비스 번호를 눌러주십시오."

'?… 일공공? 일공공공?'

(알고 보니 100번이나 1000번이나, 1000번을 한 번 누르나 두 번 누르나, 똑같은 멘트가 나왔다.)

자, 어쨌든 나는 뭐라고 말을 해야만 했다.

"주님! 드디어 천국의 천 번이 개통되었네요. 이제 늘 친히 제게 말씀하시고 항상 저의 기도를 들으사 선히 인도해주세요."

자꾸 "다시 듣고 싶으시면 번호를 눌러주십시오"가 되풀이되고 있다.

나는 당황하여 그만 "예수님 이름으로 기도드렸습니다"라고 쫓기듯 마무리 짓고 말았지만 정말이지 거 난생처음 기도 한번 제대로 잘한 것 같다. 중언부언하지 말라셨으니 아무리 그럴싸하게 더 늘어놔봤댓자 결국 그 말이 그 말 아니겠는가.

조금 있으니 전화벨이 울렸다.

이상하게 딱 한 번 울리고 잠잠했다.

'?… 시험 전화는 아까 왔었는데…?'

나는 수화기를 그냥 들어보았다. 물론 먹통이었다. 다시 수화기를 제자리에 도로 내려놓는 순간,

'아, 천국 천 번이다!'

내 마음이 그렇게 외치고 있었다.

나도 모르게 후다닥 두 손을 모았다.

누군가 빙그레 웃고 있었다. 친구 같았다.

"너도 꼭 애기 같애. 응. 그래, 끝까지 그렇게 가는 거야."

'끝까지 그렇게?…'

나도 빙그레 웃었다.

오, 이 행복감…….

찬양하라 내 영혼아

비록 사람은 여전히 죄와 더불어 먹고 마시지만 세상엔 참으로 아름답고 좋은 것투성이다. 혹 힘들어 잠시 그것들이 눈에 들어오지 않을 수는 있어도 누구도 그 사실을 부인하지는 아니할 것이다.

내가 특별히 하나님께 감사하는 것은 세상에 그 좋고 좋은 것 중에서 인간에게 노래를 주셨다는 것이다. 역시 하나님을 찬양하도록 인간을 지으셨다는 말씀이 참임을 여실히 드러내고 있다. 세계 어느 나라, 문명인이든 미개인이든 막론하고 사람은 어떤 소리나 어떤 몸짓으로도 흥겨움을 표출한다.

나는 태생적으로 몸치, 음치지만 어쩌자고 유난히 노래를 좋아한다. 장르에 상관없이 닥치는 대로 귀에 들어오는 가락이면 무조건 다 좋다. 그리고 누구에게라도 노래 잘한 사람에겐 침을 흘린다.

오래전 일이다. 권사회에서 교외로 기도회를 나갔다. 그날 저녁 자유 시간이었다. 성가대원인 여학교 후배 권사랑 의기투합해서 한창 찬송에 열중했다. 나중엔 저절로 복음송 경연이었다. 한도 끝도 없이 점입가경이었다. 얼마나 시간이 흘렀을까. 드디어 후배가

"그마안!"

그녀는 큰 숨을 내쉬며

"와아! 대단하시네요. 나도 웬만하면 누구에게 안 지는데 선배님은 못 당하겠네요. 어쩜 그렇게 모르는 노래가 없으세요?"

성가대가 손을 들다니 체면 문제라는 듯 눈을 휘둥그렇게 굴렸다.

"따라 하는 건데 뭐."

맞다. 꼭 완전히 다 아는 것이 아니라도 머리든 꼬리든 어쨌든 따라 하니까, 결국 모르는 노래가 없는 셈이었다.

"일반 노래도 그래. 난 워낙 노래를 좋아하니까. 제대로 끝까지 혼자 부르라면 못 해."

사실이다. 클래식, 가곡, 민요, 가요, 팝… 할 것 없이 웬만하면 다 따라 부른다. 노래는 못하지만.

언젠가는 집에서 점심을 먹고 심심해서 피아노를 땅, 똥… 하면서 찬송을 시작했다가 악보가 잘 보이지 않아 둘러보니 벌써 어둑해진 저녁이었다.

지금도 마찬가지다. 요즘 정신없이 카톡이 날아드는데, 유익한

정보들이 넘쳐서 나도 열심히 나른다. 사람들은 당연히 내가 좋은 글이라 보내는 것으로 알아 감격하여 글 좋다고 답글이 온다. 그러나 기실 나는 글 때문이 아니라 끝에 붙은 유튜브 때문일 때가 훨씬 많다. 카톡에 떠돌아다닌 '지당하신 말씀'은 정제되지 않은 것들이 많아 글로는 별로다. 그러나 굳이 따로 디스크를 구입하지 않아도 잠깐 좋은 노래 감상할 수 있으니 얼마나 좋은가. 나는 행여 그대로 흘릴까 봐 누구에겐 유튜브 꼭 들으라고 덧붙이는 수고를 아끼지 않는다.

자랑은 못 되지만 나는 기도를 길게 하는 스타일이 아니다. 전에 어느 은사자로부터 혼난 적이 있다. 내게 이미 은사가 많이 와 있는데 왜 기도를 더 해서 봉사하지 않느냐고. (내 딴엔 열심히 봉사하고 있구먼. 웃음) 특히 나는 남을 위해 별로 기도하지 않는다. 자신을 위해서도 잘 못하는 주제에 남을 위해 하는 게 오죽하랴.

"부족한 나를 위해 기도하는 이들의 기도 들으시고 그대로 갚아주소서."

"내가 마땅히 기도해야 할 사람들의 형편을 살피시고 부디 내 정성의 부족으로 인하여 저들에게서 은혜를 감하지 마소서."

실로 국제급 얌체 기도다. 내가 생각해도 웃기는 짜장면이다. 그래도 찬양은 하루 종일 불러도 기력이 달려서 못하지 진력나는 법이 없다. 나도 영문을 알 수 없는 노릇이다. 그렇담 기왕이면 내게 노래 재주라도 좀 주시지, 하나님도 정말 알 수 없는 분이시다.

한동안 복음송만 많이 불러서인지 요즘은 찬송가를 부르면

감회가 새롭다. 아! 내가 저 찬송에 목숨을 걸었었지. 가슴이 쩡하다.

내 인생 역정에 몇 개의 지정곡이 있었다.

(찬송가 358장)

아침 해가 돋을 때 만물 신선하여라

나도 세상 지낼 때 햇빛 되게 하소서

주여 나를 도우사 세월 허송 않고서

어둔 세상 지낼 때 햇빛 되게 하소서……

한평생 한눈 한번 팔지 않고 비틀거리지도 않고 오직 일구월심 그대로 나의 기도였지만, 끝내 초라한 내 인생을 나는 하나님 원망도 실망도 하지 않는다. 다만 그렇듯 끈질길 수 있도록 도우셨던 그분의 뜻이 이제라도 이루어졌으면… 여전히 빌 따름이다. 하지만 그 또한 내가 간여할 바 아니리라. 어쨌든 결과는 내 것이 아니요 과정만 내 몫일 테니까. 하나님께서 부디 나의 과정을 충실히 여겨주셨으면 좋겠다는 게 지금 나의 소박한 바람이라면 아마 혹자는 내가 그만큼 후퇴한 것으로 여길는지 모르지만 아니다. 나는 분명 아직도 그 자리 그대로요, 아니 차라리 더 절실한 소망이라고 해두자. 비록 가시적 결과물이 없을지라도 나의 간구는 옳았다고.

가끔 나는 자신의 돌출 행동에 스스로 황당할 때가 있다. 글쎄, 그만한 비윗장도 없고 노래도 못한 주제에 언젠가는 어느 어려운 자리에서 이런 해프닝이 있었다. 으레 인도자가 말씀 전하기 전에 기도를 하는 게 관례인데 나는 엉뚱하게 이렇게 말하고 있었다.

"오늘 제가 드려야 할 기도 대신 찬송을 부르겠습니다. 가사를 음미해보시면 왜 '기도 대신'이라 하는지 곧 동의하실 것입니다."

(찬송가 267장)

주 날 불러 이르소서 말씀대로 전하오리

나 주님의 뜻을 따라 길 잃은 양 찾으리다

주 날 인도하옵소서 나도 남을 인도하리

말씀으로 주린 양들 먹이도록 하옵소서

세상에 이렇듯 기막힌 기도 말을 두고 뭐라고 웅얼대야 한단 말인가. 평소에도 나는 말씀을 들고는 꼭 이 찬송을 속으로 읊조리는 게 습관이 되어 있다.

"주 날 불러 이르소서 말씀대로 전하오리……."

노래를 잘하고 못하고가 무슨 문제이랴.

(복음송)

이와 같은 때엔 난 노래하네

사랑을 노래하네 주님께

이와 같은 때엔 손 높이 드네

손 높이 드네 주님께

주님 사랑해요 사랑해요 사랑해요

주님 사랑해요……

사방을 둘러봐야 답답한 어둠 속에서 내가 할 만한 게 뭐 있으랴.

평소 누구에게 좋아한다는 말 한마디 못하는 닭살이 하루 종일 주님 사랑한다고 알랑 방울이다. 왜? 너무 버겁고 힘겨운 바로 "이와 같은 때"니까. 실컷 부르고 나면 영혼까지 카타르시스 된 느낌이고 하나님 빙긋이 웃고 계신다. 사랑한다는 데야 누가 어쩔 것인가.

또 때로 뭔가 다급하고 쫓기는 심정이 되면 밑도 끝도 없이 들입다 버럭 소리를 내지른다.

(찬송가 384장)

내 주는 강한 성이요 방패와 병기 되시니………

힘 있는 장수 나와서 날 대신하여 싸우네

이 장수 누군가 주 예수 그리스도…

당할 자 누구랴

반드시 이기리로다

반드시 이기리로다

반드시 이기리로다……

한참을 반복해서 악을 쓰고 나면 속이 후련해진다. 이미 다 이겨버렸다. (웃음)

그러다 차분해지면 자못 고상해진다. 언제부턴가 나의 십팔번 지정곡이 되었다.

(찬송가 418장)

하나님 사랑은 온전한 참사랑

내 맘에 부어주시사 충만케 하소서…

그 사랑 앞에는 풍파도 그치며

어두운 밤도 환하니 그 힘이 크도다

하나님 사랑에 참 자유 있으니

내 맘과 영에 채우사 새 힘을 주소서 아멘!

그리고 414장(〈주의 사랑 비칠 때에〉), 302장(〈주님께 귀한 것 드려〉), 89장(〈샤론의 꽃 예수〉)은 우리의 가족창 지정곡이다. 우리 집 가족 행사에 참석해본 사람은 이미 알겠지만 그동안 가족 행사 땐 어김없이 가족창으로 89장 〈샤론의 꽃 예수〉를 불렀다. 나는 이 찬송을 앞으로도 대대로 애창해주길 바라고 있다. 어느 찬송이라고 맘에 들지 않은 찬송이 있을까만 이 찬송만큼 상큼하고 사랑스러운 찬송은 또 없는 것 같다.

아 참! 진짜 상큼한 게 있다. 오랜 세월 새벽기도를 마치고 교회 문을 막 밀고 나서면 어김없이 저절로 터져 나오던 찬송이다.

주께서 내 길 인도하시네 주께서 내 길 인도하시네

오늘 하루 동안을 감사하며 살리라

(기도하며 살리라)

(찬양하며 살리라)

(사랑하며 살리라)

주께서 내 길 인도하시네……

집에 들어갈 때까지 계속 부른다.

나는 기도하다가 문득 자신이 말을 만들고 있다고 느껴질 때면 그만 입을 다물어버린다. 찬송만큼 내 맘에 쏙 드는 기도문이 없기에 그야말로 곡조 있는 기도로 대신하는 것이다.

　"찬양하라. 내 영혼아.

　내 속에 있는 것들아, 다 주를 찬양할지어다!"

나만의 행복

그러니까 엄마가 하자는 대로 다 잘 따라줬을 때니까 아마 애들이 중고등학생쯤 됐을 것이다.

나는 가정예배 시간이나 생일 등 특별예배 때에도 414장 찬송을 거의 지정곡으로 불렀다. 노래 가사가 너무 상큼하고 좋아서다.

주의 사랑 비칠 때에 기쁨 오네
근심 걱정 물러가고 기쁨 오네
주의 사랑 비칠 때에 이 세상은
아름답고 활기차게 다 변하네
주의 사랑 비칠 때에 이 세상은
어둠 슬픔 중한 짐이 다 없겠네
(그 큰 사랑 내 맘속에
명랑하게 비칠 때에 찬송하네

그 큰 사랑 내 맘속에

화평함과 기쁨 주네 그 큰 사랑)

하루 종일 불러도 신나는 노래다.

그다음 지정곡은 젊을 때 힘 다하라는 302장이다. 교육이란 본래 반복적 학습이라고 신봉하는 탓인지 다분히 의도적인 면도 없잖다.

그날도 나는 예배 시작하면서 당연히,

"414장!"

했다. 그랬더니 둘째가 대뜸

"에이, 그 찬송 너무 길어!"

"뭐어?"

나의 눈꼬리가 올라간다. 소리가 앙칼지게 나왔다.

"짧은 게 뭔데?"

"551장!"

그날따라 둘째가 서슴없이 줄줄 대꾸했다. 지금껏 한 번도 그런 반란이 없었는데 아이는 아주 편하게 능청스럽기까지 했다.

나는 부리나케 551장을 찾아보았다. 〈아멘〉이었다. 정말 가장 짧은 찬송이었다. 나는 금세 기분 좋게 깔깔댔다.

"그런데 하하…… 그런데 그게 551장이란 걸 어떻게 알았지?"

"내가 지금 막 거길 펴놓고 있었거든."

나는 데굴데굴 굴렀다. 어린 것의 위트가 얼마나 기발한가.

부드러운 분위기를 감지한 막내가 끼어들었다.

"오늘 설교는 내가 한다.

네 마음을 다하고 뜻을 다하고 목숨을 다하여 주 너의 하나님을 사랑하라. 끄읕······."

'형! 기도도 찬송도 설교도 너무 길어 진력이 난다, 이거지.'

큰애가 걱정이 됐던지 분위기를 추스르려 한마디 했다.

"요것들이 간뎅이가 부었나? 감히 어디라고 세트로 놀아?"

그러나 나는 싱글벙글 인심 쓰듯 말했다.

"좋았어. 오늘 설교 썩 명설교야. 그러엄. 그거면 됐지, 백날 해봤자 그 말이 그 말인걸. 자, 그럼 414장 뜻을 생각하며 즐거이 부르고 주기도문으로 오늘 예배는 마친다. 주의 사랑 비칠 때에 기쁨 오네······."

하고 선창을 했다.

"와아······."

좋아라며 놈들은 일제히 큰 소리로 따라 불렀다. 내 난생에 그렇듯 신나고 우렁찬 찬송은 처음 들었다. 어쨌거나 정말 행복한 예배였다. 사람들은 어째서 이리 짜릿한 꿀맛을 모르고 살까?

나는 애들을 유치원 들어가기 전부터 무조건 주일학교로 쫓았던 것을 내가 한 일 중 가장 잘한 일이었다고 자찬하는 사람이다. 본래 심약해서 다른 건 다 애들에게 져주면서도 교회 문제만은 단호했다.

어느 비 오는 주일날 아침, 아빠가 애들에게 교회 가지 말라고 호통을 쳤다. 짐짓 나 들으라는 듯 저리 어린 것들이 뭘 안다고 찻길도 위험한데 지네들끼리 보내느냐며 뭔 여자가 그리 독종이냐고 역정이었다. 난데없는 구원투수 등장에 애들은 기대 어린 눈초리로 서로 흘깃거렸다.

지체 없이 당연히 나도 오금 박아 맞소리를 질렀다.

"비 온다고 학교 안 가니?"

'어이쿠쿠!'

애들은 우르르 문을 밀고 몰려나갔다. 놈들은 분명 아빠보다 엄마가 더 무서운 것이다.

지금도 그 생각을 하면 콧등이 시큰해진다.

돌아보면 나의 행복이란 거의가 이런 것들이었다.

애들이 어찌나 착한지 좀 과장하면 나는 그럴 때마다 까무러치게 행복해진다. 주님 안에서의 가족의 몸짓은 무엇이나 내겐 그대로 황홀하기만 했다.

언젠가 가정예배 시간에 나는 갑자기 익살기가 동했다. 그래서 애들에게 다니엘 9장 19절을 합독시켰다.

그리고 이렇게 물었다.

"왜 '주여'를 세 번이나 불렀을까?"

당시 애들의 수준으로야 무슨 말인지 문장 자체도 잘 이해할 수 없었을 터.

나는 피식 웃으며 자문자답한다.

"'주여 주여 하는 자마다 다 천국에 들어갈 것이 아니요' 했거든. 그래 한 번 더 부른 거지."

썰렁한 개그였다. 그래선지 그 요절이 애들에게 각인되어 있는 모양이다.

요즘은 가끔 세 놈을 한방에 몰아넣고 카톡으로 주리를 튼다. 내가 본래 활자 미디어를 애호하는 탓인지 영상보다 더 재미가 쏠쏠하다.

어느 주일 예배에서 너무 은혜를 받아 그냥 넘기자니 서운해서 채팅방에 중계를 하기로 했다. 요즘 노안 탓인지 사설을 늘어놓다 간 영락없이 낭패를 당한다. 딴엔 엄청 신경을 쓴다고 썼으나 보내놓고 보니 오타가 엉망이었다.

"어머야! 이게 뭐라니… 어쩌? ……"

당장 큰 애의 댓글.

"괜찮아요. 그냥 히브리어로 알고 읽었어요."

하하… 정말 딱이네….

그래서 우리 집엔 새 유행어가 생겼다. 무슨 안(案)이 저한테 좀 아니다 싶으면 짐짓 모른 척 딴청이다.

"나 히브리어 몰라 킥……."

오늘도 '자녀를 위한 기도'를 보냈다.

"이건 맥아더의 아들을 위한 기도보다 백배 더 맛있을 테니 꼭 꼭 잘 씹어서 반드시 피가 되고 살이 되도록 할 것!"

금세 까똑!

"하하… 엄만 나르시시스트야. 절대 호숫가엔 가시지 마세요. 하…….(첫째)

까똑!

"맞아요. 맥아더보다 천배나 더 좋은데요. 됐어요?"(둘째)

또 까똑!

"염려 붙들어 매시라니까요. 우리가 누구 아들인데요. 됐어요?"(셋째)

"어헝! 거, 꼭 그렇게 이죽거릴 거야?"

까똑!

"진담. 정말 좋다구요. 주여, 들으소서."(첫째)

"주여, 사하소서."(둘째)

"주여, 이루소서."(셋째)

'어머! 쟤들이 어떻게 그걸 기억하고 있지?'

후끈거리는 가슴으로 내가 마무리한다.

"부디 지체치 마시고 거룩하신 주님 자신의 영광을 위하여 그리하시옵소서."

오오! 행복해라…….

내가복음

마치 성경을 저 혼자 다 아는 양, 앉으면 꼭 무슨무슨 복음 몇 장 몇 절을 입에 달고 사는 권사님이 있다. 성경을 많이 알아 술술 외우는 게 뭐 잘못이랴만 대부분 사람들은 왠지 고개를 모로 돌려버린다.

어느 날 여전도회에서 무슨 일이 있었는데 그 일에 한 사람만 반대한다나.

"누군데?"

"누가?"

모두는 궁금해했다. 어느 익살맞은 집사님이 한다는 대답.

"누군 누구예요, 누가복음이지."

모두는 좋아라 깔깔거렸고, 누가복음은 그때부터 그녀의 별명이 돼버렸다.

그런데 아무래도 오늘은 내가 또 불가불 '내가복음'을 읊어볼 요량이다.

믿는 이 중 더러 앉으면 무엇을 보았느니 들었느니 하면서 하나님이 이리이리 말씀하시고 저리저리 하라 하셨다는 둥 사람을 아주 작심하고 기를 죽이는 것 같을 때가 있다. 그렇듯 기도를 많이 해서 하나님과 직통하는 사람을 부러워하지 않을 사람이 누구랴만 대부분의 사람들은 또 그에게 별로 공감하질 않는다. 믿음이 미처 거기까지 미치지 못해서일까? 아니, 꼭 그래서만도 아닌 것 같다. 이상하게도 그런 사람(보았다, 들었다)일수록 하는 짓(삶)이 별로 믿음의 귀감이 되지 못하고 있다는 것이 알 수 없는 노릇이다.

언젠가 그 익살맞은 집사님이 그 신령(?)한 권사님께 생뚱맞게 이렇게 말했다.

"권사님은 좋으시겠어요. 그렇게 하나님이 일일이 가르쳐주시니 모든 게 얼마나 쉽겠어요."

자칫 얘기가 얽힐 것 같아 내가 끼어들었다.

"그러게, 부러워만 하지 말고 기도 많이 하시지. 거저 된 게 어딨어?"

그랬더니 그녀는 화살을 내게 돌린다.

"권사님도 그렇게 잘 보세요?"

"내가 언제 그리 기도 많이 했나? 난 어림없어."

"우리 보긴 권사님이 더 많이 하실 거 같은데요, 뭐."

"허 착시 현상은 거기서 일어났구면, 난 기도 길어야 몇십 분이야."

"에이 설마… 그런데 권사님은 왜 그리 아는 게 많으세요?"

"이런! 아는 것과 믿는 것은 같지 않다고 여태 뭘 배웠어?"

"저거 봐요. 벌써 말이 다르시잖아요."

"아, 그래. 이제 보니 그 착시 현상의 원인 제공이 있긴 있다!"

"에?"

"난 IQ보다 JQ가 더 높거든. 아마 틀림없이 그 덕분일 거야. 하
…….."

그렇다. 기왕 말이 났으니 나는 오늘 나의 JQ(잔머리) 지수를 여기 도마 위에 올려볼까 한다.

우선 먼저, 내 얘기를 너무 진지하게 듣지 말고 잠시 쉬어가는 한담쯤으로 들어줄 것을 부탁해둔다. 그러다 혹시라도 귀에 걸리는 게 있거든 참고해도 무방할 것이다.

짧은 시간에 드리는 내 기도의 스타일은 대강 이렇다.

먼저 찬양 몇 곡을 부른다. 짧은 내 기도의 방패는 곧 예수님께서 "너희는 이렇게 기도하라"고 친히 우리에게 가르치신 〈주기도문〉이니 곱씹어보기 바란다. 이방인들은 말을 많이 해야 하나님이 들으실 거라 생각한다며 너희는 중언부언하지 말라 하셨다. 헴!

그러니까 나는 주님의 가르치심에 엄청 충실한 셈이다. (물론 주님도 밤새워 기도하셨다는 걸 나도 안다.)

자, 나의 짧은 기도의 특색이라면 기도를 받으시는 분에 대한 호칭이다.

참! 호칭에 대한 재미있는 얘기부터 하나 해야겠다. 요즘이야 기도의 패턴이 많이 달라졌지만 우리 젊었을 때만 해도 요즘과는 분위기가 매우 달랐다. 대예배 때야 의당 장로님이 기도하시지만 우리 교회에 유난히 보수적인 한 장로님이 계셨다. 그야 개인기도도 아니요 명색이 대예배 대표기도인데 형식을 무시할 수야 없겠지만 그분은 꼭 기도할 때마다 천편일률적인 전치 형용사가 정해져 있었다.

"높고 높은 보좌에 앉으셔서 이 낮고 천한 벌레만도 못한 죄인들을 굽어 살피시는…… 상한 갈대를 꺾지 아니하시며 꺼져가는 등불도 끄지 아니하시는… 거어룩 거어룩하시고… 공의로우시고 자비로우시며… 능력이 무한하시고 사랑이 한량없으신…….'

전치사가 끝도 한도 없다. 나는 피식 웃음이 새어 손으로 입을 막고 고개를 약간 쳐들자 곁에 앉은 집사님이 "허유! 날 새겠다, 킥!……." 둘은 서로 상대방의 입을 틀어막으며 낄낄거렸다. 아! 나는 예배 중에 그렇듯 재미있어 본 적은 다시 또 없었다.

그러나 사실 기도할 때 처음 하나님의 호칭을 어떻게 묘사하느냐는 아주 중요한 문제가 아닐 수 없다. 특히 내겐 하나님의 호칭을 어떻게 시작하느냐가 이미 그날 기도 내용의 80프로의 무게를 싣고 있기 때문이다. 다시 말해 바로 이것이 나의 짧은 기도의 비밀 병기인 것이다.

특별한 문제가 없는 일상적인 기도일 땐 "좋으신 하나님"으로 그냥 수수하게 시작한다. 그러나 무슨 아쉬운 일이 있거나 절박할 땐 "기도마다 들으시는 주여!"로 다짜고짜 치고 들어간다. 그러니까 이 기도는 반드시, 꼭, 들어주셔야 한다는 공갈성이다.

또 도저히 자신(自信)이 없고 스스로 더는 감당할 수 없는 한계라고 생각됐을 땐 "나의 약함도 강함도 아시는 주여!"로 엄살을 떤다. 아주 맥을 놓아버린다. "제가 이런 때 도저히 못 견디는 걸 당신이 아시잖아요. 어떡해요, 어떡해요……." 이때 나는 계속 "나의 약함도 강함도 아시는 주여"를 반복 읊조릴 뿐이다. 그러다 문득 스스로의 꼬라지가 한심하고 안쓰럽다 싶으면 눈물이 핑 돈다. 그러면 나는 그대로 그만 기도를 끝내버린다. 세상에 이토록 허약한 인간이 또 어디 있을꼬! 그래도 염치에 스스로 민망하고 죄송해서 금세 베드로의 고백을 빌려온다. "내가 주를 사랑하는 줄 주께서 아시나이다. 아시나이다……." 내가 기도를 못 하는 게 주님을 사랑하지 않기 때문이 아니라는 변명이다.

또 반대로 이럴 때도 있다.

아차! 일이 잘못됐네. (철렁!) 이를 어째!

공연히 불안하고 조마조마하다. 설마…….

나는 느닷없이 있는 힘껏 소리를 질러본다.

"항상 더 좋도록 인도하시는 주여!"

비록 그것이 잘못됐을지라도 차라리 '그랬기 때문'에 주님은 그것을 더 좋도록 인도하실 것이다. 하! 언제 내게 그런 가상한 믿음이 있었던가 싶게 잽싸게 기어 붙는다. 넉살 한번 좋다.

'그래, 그 길이 있었네.'

그럴싸한 흥정(?)을 한다.

"주님 내 일 하시고 나 주의 일 하고…… 주님 내 일 하시고 나 주의 일 하고……."

내게도 자못 진지한 십팔번 기도문이 있다.

"주여! 부디 나로, 사람들로 하여금 너희 하나님이 어디 있느냐는 비웃음 소리를 듣지 않게 하소서."

내가 생각해도 썩 대견하다. 나는 나를 보고 누군가 실망하고 낙심할까, 그게 가장 두려운 것이다.

"부디 하나님이 하셨네를 찬양하게 하옵소서."

그땐 제법 기운이 팔랑하다. "하나님이 하셨네"를 아예 침대 머리맡에 써 붙여놓고 있다. 어지간히 소녀 취향인가.

근래 칠순 이후엔 딱 한마디가 내 기도문이다.

나는 이 기도만 외우면 다른 그 어떤 것도 더 구할 필요가 없어진다.

> 하나님이여 내가 늙어 백수가 될 때에도 나를 버리지 마시며 내가 주의 힘을 후대에 전하고 주의 능을 장래 모든 사람에게 전하기까지 나를 버리지 마소서 (시 71:18).

내가 할 일이 있으니 마땅히 주는 날 버리지 않을 것이며 주께서 날 버리지 않으실지니 나는 열심히 일하면 된다. 도대체 무슨 할 말이 그리도 많아 몇십 일씩 금식, 철야들을 하는지 나는 알다

가도 모르겠다. (웃음)

아, 나라를 위한 기도? 그야 나도 하지. 나라꼴이 너무 암담하고 불안할 때면 우선 숨을 한번 크게 내쉰다.

"주여, 재림의 길을 평탄케 하시고자 제2의 이스라엘로 택정하신 이 나라, 그렇습니다. 우리는 반드시, 기필코, 하나님이 보우하사 우리나라 만세를 부르게 될 것을 믿습니다."

그런데 웃기게도 다른 사람보다 긴 것이 있다. 마무리가 그냥 "예수님 이름으로"가 아니다. 반드시 "무엇이든지 내 이름으로 내게 구하면 내가 시행하리라 약속하신 주 예수 그리스도의 이름으로 기도합니다"이다.

아무리 봐야 JQ의 산물임에 틀림없다. 하지만 정녕 꿩 잡는 게 매라면 어쨌든 지금껏 나는 썩 많은 응답을 받아왔다고 굳게 믿고 있다. 뮐러 목사가 5만 번의 기도 응답을 받았다고 모두들 부러워하지만 돌이켜보면 내가 팔십 평생을 사는 동안 어찌 5만 번뿐이었으랴. 더더욱 긴 기도가 아닌 자주 하는 기도였다면 말이다. 그러니까 기도는 반드시 어떤 식이어야 한다는 공식은 따로 없다는 말이 되겠다.

사람마다 믿음을 지키는 길은 천차만별이다. 다시 말해 누구나 저마다 나름대로 '내가복음'을 쓰고 있다는 말이다.

개인차(個人差)

나는 이전 글에서, 친구들 앞에서 말씀 전하기가 다른 그 어디서보다 힘들다는 말을 한 적이 있다. 왜냐하면 친구는 대부분 피아(彼我)의 차이를 인정하려 들지 않을뿐더러 본능적으로 뭐든 무조건 대등시 하는 속성이 있기 때문이다. 실로 맹랑한 산술이 아닐 수 없다.

때로 사람은 그가 어떤 조건을 구비했느냐가 전혀 무의미할 때가 있다. 아무리 저 잘난 맛에 사는 세상이라지만 그래도 먼저 꼭 알아둬야 할 일이 있다는 걸 짚어봐야겠다. 다시 말해 하나님이 애당초 사람마다 그 크기와 용도를 구별해 창조하셨다는 걸 유의할 필요가 있다는 말이다.

사람들은 그 강도나 열도, 심도의 문제이지, 누구나 노력하면 무엇이나 가능하다고 생각한다. 그러나 잘못된 발상이다. 어떤 이에게 그 '무엇'은 죽어도 안 되는 경우가 얼마든지 있는 것이다. 아니, 무엇보다 그 '되도록' 하는 노력 자체가 안 된다는 것이다. 왜일까?

구태여 어렵게 비틀 것 없이 그냥 쉽게 풀어보자.

어느 익살꾼의 입담.

한의사가 제일 싫어하는 놈—밥이 보약이라는 놈.

치과 의사가 가장 싫어하는 놈—이가 없으면 잇몸으로 산다는 놈.

선생이 진짜 밥맛인 놈—하나를 가르치면 열을 아는 놈.

자, 그럼 세 번째 놈으로 답을 풀어보자. 우선 그 세 번째 놈에 대비되는 놈이 있다. 열을 가르쳐야 하나를 아는 놈이다. 여기 A와 B의 차이가 얼핏 10:1로 착각하기 쉬우나, 그러나 B가 하나를 아는 동안 A는 이미 100을 알게 된다. 그나마 이 100:1의 비율은 모든 조건 일체를 완전 제어하고 있는 상태에서이다. 만약 둘을 그냥 자유자재로 풀어놔버린다면, 가령 B는 뒹굴기만 하고 A는 끊임없이 추구했다고 치자. 어떻게 되겠는가. 여기선 대비의 숫자는 사라져버린다. 우리는 종종 무엇에의 비교의 수치가 전혀 무의미해져버리는 황당한 상황을 만날 때가 있다.

물론 사람은 꼭이 누가 누구를 가르치고 배우지 않아도 나름대로 터득하는 것이 얼마든지 있다. 그러나 어디에도 개인차는 마찬가지다. 사람들은 솔직히 내 보기에 무슨 말인지 잘 이해하지 못한 것 같은데도 나도 안다는 식이다. 아무렴! 당연히 알아야지. 모르면 오히려 그게 이상하지. 그러나 무엇이든 나도 '너만큼'은 안다는 식이어선 곤란하다. 사람은 아무도 내가 누구를 대신할 수 없으며 나를 대신할 수 있는 것 역시 이 세상 그 어디에도 존재하지 않는다. 나는 그냥 나일 뿐이며 '나만큼'은 오로지 나 하나뿐이란 말이다.

여기서 중요한 것은, 개인차란 결코 능력의 차이만을 말하고 있지 않다는 사실이다. 다시 말해 창조주께선 피조물의 그 천태만상의 다름, 곧 같지 않음을 통해 영광받고자 계획하셨다는 점에 주목할 필요가 있다 하겠다.

아, 재미있는 예를 하나 더 보자.

사람마다 강약점이 있겠지만 나는 유난히 소문 난 길치다. 한 번 간 곳을 다음 댓번에 찾아가질 못한다. 눈도 안 좋지만 요즘 나는 밖에 나가면 공연히 어리벙벙해서 아무리 봐야 딱 얼뱅이다. 사람이 어쩌면 그다지 엽엽하지 못한지 실로 한심하기 그지없다. 어떤 땐 자신이 도저히 못마땅해 견딜 수가 없다. 게다가 성격도 곰살맞지 못해 아무리 봐주려 해도 두루 민망스럽기만 하다.

'얼간이… 얼뱅이… 짜잔이….'

자조, 자학으로 날 샌다. 그래도 사람들은 그 세세한 걸 잘 모른다. 얼마나 다행인가. (웃음) 밖에서 하루 종일 방황하다 우리 동네 전철역에 와서야 나는 비로소 겨우 안도, 안정이 된다. 휴-.

그런데 어머! 거 참 이상도 하다.

나는 요즘 출판 일 때문에 도서관에서 많이 지내는데, 글쎄, 그

얼뱅이가 도서관에만 가면 갑자기 전혀 딴사람이 되는 것이다. 자 못 사람이 의연하고 여유롭고 자연스런 폼이 썩 보기 좋다. 물론 나 같은 늙은이도 없으려니와 모두 번쩍한 눈으로 쳐다보는 것도 싫지가 않다. 한 손으로 턱을 괴고 한 손으로 뭘 끼적이는 모습이 아주 귀하고 행복해 보인다. 이 무슨 조화인가.

'잘났어…….'

나는 속으로 한참을 웃어댄다.

평생을 길들여져서인지 나는 일단 책상 앞에만 앉으면 아무도 대적이 없어진다. 그 누구도 맞수가 안 되는 것이다. 어디서 무슨 인허가를 받은 것도, 테스트를 거친 것도 아니면서 말이다.

이쯤에서 달란트 이야기로 들어가면 문제는 더욱 확실해진다.

지난 교황 방한 때 4천 명의 사제 모임을 보면서 나는 새삼스레 느꼈다. 그 사람들이 우리와 성정이 전혀 다른 사람들인가. 그들 은 안 먹어도 배도 안 고프며 안 자고도 살 수 있는 별종들인가. 본 능도 욕망도 없는 천군 천사들인가. 아니라면……? 인간은 분명 제 의지만으로 살아지는 게 아니라는 것이었다. 분명코 나를 이렇 게 살게 하는 또 다른 힘이 있었다. 그것이 무엇인가를 알고자 하 는 이를 우리는 '믿는 이'라 부른다.

뚱딴지같은 얘기지만 나는 가끔, 인간이 우주여행을 하는 마당 에 나는 과연 그 일에 얼마만큼 상관이 있는가, 만리타국에 있는 애들과 카톡 영상을 즐기면서 나는 과연 그 일에 얼마만큼 보탬이 됐는가 생각하며 피식 웃는다.

친구들도 곁에서 보자니 하나같이 여간 웃기는 게 아니다. 남이 다 만들어놓은 못 하나도 제대로 제자리에 박을 줄도 모르는 주제에 걸핏하면 남편더러 밥을 해 먹어라, 시켜 먹어라, 큰소리친다. 만날 피곤해 죽겠단다. 대관절 뭘 했기에? 마치 인류를 구원이라도 한 양 유세가 땅이 꺼진다.

그런데 가만! 생각해보면 세상은 그 쓸모없는 사람들 때문에 유지되고 있다는 사실에 나는 깜짝 놀란다. 참으로 기가 막힐 노릇이다. 그렇다. 더더욱 어이없는 건 하나님은 바로 그 쓸모없는 사람들을 위해 쓸모 있는 사람들을 마냥 희생시키고 계시잖은가 말이다. 어머야!… 언젠가 나는 지리멸치볶음을 맛있게 먹다 말고 문득 (하! 이 못난 인간을 살리느라 죄 없는 생명이 무지 많이도 희생됐구나!) 기분이 좀 이상했다.

오늘도 쓸모없는 사람들은 흥청망청거리고 잘도 사는데, 제대로 먹지도 자지도 못하면서 머리 터지게 연구하고, 봉사하고, 애쓰는 사람들의 삶은 도대체 뭐란 말인가. 그래도 그들은 죽기까지 몰두한다. 게다가 더욱 안타까운 것은 하나님께선 무슨 억하심정으로 그들을 쓰시기 위해 하나같이 그들로 그 험난한 광야 생활을 하게 하시냐는 것이다. 그렇다고 누구에게도 그것을 따질 권리가 주어져 있지 않다. (지금 추사가 제주도 유배 시에 그렸다는 〈세한도〉를 보고 있자니 저절로 튀어나온 소리다.)

그러니까 과학도 문화도…… 모두 누리고 사는 사람들은 그 쓸모없는 사람들이란 말이다. 대관절 어찌 된 셈판인가? 왜 그래야

만 하는가?

아무도 이 어처구니없는 개인차의 비밀을 자신 있게 가르쳐주지 않는다. 나는 그래서 하나님을 믿는다. 어차피 영문을 알 수도 없으려니와 알 길도 없으니까. 그런데 믿다 보니까 조금은 알 것 같은 느낌이다. 결론은, 하여, 기왕이면 내 몫에 태인 십자가를 달게 지자는 것이다. 그것을 하나님께서 기뻐하신다고 믿기에 많은 사람들이 그 험하고 어려운 길을 기꺼이 가고 있는 것 아니겠느냐고.

그러니까 요컨대, 개인차란 자로 재거나 저울로 달아지는 문제가 아니란 걸 여기 역설하고 싶은 것이다.

愚者暗於成事(우자암어성사)

智者見於未萌(지자견어미맹)

전에 내가 서예 배울 때 쓴 한서(漢書) 중의 명언이다. 우자(愚者)는 일이 다 이루어져도 깜깜 밤중이지만 지자(智者)는 아직 그 싹도 나기 전에 다 안다는 뜻이다.

사람은 이렇게 다르다!

인왕산 그늘이 강동 팔십 리

이 말은 내가 어렸을 때부터 어머니로부터 어지간히 들어왔나 보다. 글쎄, 어떻게 해서 〈수양산〉이 〈인왕산〉으로 둔갑했는지 그 내력은 알 바 없었으나 그것도 꼭 〈은왕산 그늘이 강동 팔십 리〉라 하셨다. 누가 은혜를 모르거나 몰염치할 때, 또 그 부모를 칭송할 때 어김없이 나온다. 그 그늘이 얼만데 저만 잘나서 건방떤다고 못마땅하셨는지, 어쩌면 우리에게 부모 그늘 소중함을 일깨우고 싶으셨을까?

나는 살면서 이따금 내게 그늘을 드리워주신 분들을 생각하게 된다. 그는 친구일 수도 또 어떤 분이기도 하다. 그런데 가슴 아픈 건 내가 사람에게 꽤 관심이 많은 편인데도 정작 내게 그늘 되어주셨던 분에겐 너무 소홀했던 게 아닌가 한(恨)으로 남아 있다. 왜 미련 떨었을까. 돌이킬 수 없는 회한으로 가슴을 찧는다. 쓸 데 없는 데 오지랖 떨 게 아니라 그쪽 먼저 살폈어야 했다. 아무리 후회 한들 더 속만 상할 뿐이다.

나는 자신이 그리 뻔순이었는지 정말 견딜 수 없다.

사람은 누구나, 언제고, 뙤약볕에선 어느 그늘엔가로 기어들 게 마련이다. 요나의 박 넝쿨은 물론 하나님께서 예비하셨지만 알고 보면 모두 하나님의 예비하심이 아닌 것이 없다. 지내놓고 보면 어찌 그렇듯 때마다 일마다 그늘이 있었을까. 실로 신묘막측하지 않을 수 없다. 하나님이 없다고 하는 사람들은 그것을 그냥 요행이었다고 여기고 만다. 그래, 어쩌다 용케 그럴려니까 그리됐을까? 그러나 우리는 결코 그렇게 생각하지 않는다. 하나님이 이전에 이미 나를 위해 예비하셨다고 믿는 것이다. (여기서 말하는 그늘이란 비단 뙤약볕만을 말하고 있지 않음은 물론이다.)

문득, 나는 그렇듯 숱한 그늘에서 피했으면서 지난 내 인생에서 내가 과연 잠시 잠깐이라도 누구에게 작은 그늘이라도 되어준 적이 있었던가 더듬어본다.

후우… 그래도 염치에 얼굴이 화끈거린다. 얼른 찬물로 세수나 해야겠다. (웃음)

나는 40년 전 권사 임직을 받은 이후 이상하게 한결같은 기도 제목이 있었다. 후덕한 권사가 되겠다고… 아니 꼭 그렇게 되도록 도와주십사고 입버릇처럼 기도했다. 후덕? 그런데 생각해보니 우선 가냘픈 내 몸뚱이부터가 아니었고 예민한 성격이 또한 그랬다. 합리적이고 매사 명분 없이는 한발자국도 옴짝 못 하는 사람이 어림 반 푼도 없다고 도리질을 한다. 그런데 알다가도 모를 것은 오랜 세월이 지난 지금도 내 소망은 변치 않고 있다는 것이다. 그래 무슨 놈의 꿈이 평생을 두고 식을 줄도 빛바랠 줄도 모른단 말인가. 나는 진정 끝내 후덕한 권사로 남고 싶다. 후덕이란 게 꼭 무슨 살집 좋고 무던한 성격을 이름이 아니잖은가. 이제 제 한 몸 가누기도 버거운 노구가 되었지만 이제라도 부디 내 그늘에 좀 여러 사람을 품었으면 얼마나 좋을까 거듭거듭 소망하고 앙망한다.

또 뚱딴지같은 생각이 줄을 잇는다. 오늘 세상이 이리 각박한 것은 물론 그늘에 쉬어간 자가 감사를 몰라서이기도 하지만 시방 그늘이 되어주고 있는 자가 너무 시끄러워서가 아닐까고. 누구는 앉으면 제가 그동안 아무개에게 이리저리 잘해줬다고 노래를 부른다. 또 누구는 소싯적에 새알꼽재기만큼 베푼 걸 아예 치부책 들고 따라다니면서 아무 때 암만이 암만이 했다고 사람을 아주 질리게 한다. 빚을 준 것도 아니면서 곁에서 보기에 좀 심하다는 느낌이다. 그런데 나의 그늘이 되어주셨던 분들은 무심한 내가 많이 서운하셨을 텐데도 하나같이 끝까지 전혀 아무 말이 없더라는 것이다. 그리고 나를 늘 한결같이 선대해 주셨다. 나는 새삼 진리를 발견한 듯 아, 바로 그래서 〈그늘〉이라고 지금 정의한다.

수양산은 결코 제 그늘에 뛰어든 자의 자격을 따지지 않는다.

몇 번, 얼마 동안이라고 조건도 생색도 없다. 강동 팔십리면 어떻고 팔백리면 더 좋다.

그래서 참 그늘인 것이다.

엄밀한 의미에서 보은(報恩)이란 하나를 주면 꼭 하나를 갚아야 하는 것이 아니다. 그것은 자칫 거래일 수 있다. 그러니까 참그늘은 뜨거움을 잠시 덮어주는 것이 아니라 그 인생을 품어주는 것 아닐까.

울 엄니

세상에 '어머니'란 단어 앞에 숙연해지지 않을 사람이 몇이나 되랴. 꼭이, 각별히 제게 잘해주었던 기억이 아니라도 저도 모르게 울컥하고 그리워지는 이름. 이미 이 세상 사람이 아닌 지 오랠수록 더욱 그러한 이름. 참으로 불가사의한 노릇이 아닐 수 없다.

당연히 내 글에도 어머니 얘기가 잘 나오지만 돌아보면 우리 어머니는 비록 못 배우셨지만 천부적으로 문학적 재질이 뛰어난 분이셨다. 어쩌면 아마 내가 그 DNA 영향을 조금은 받았을까. 어릴 때 들려주셨던 그 많은 얘기 중에서 내 작품의 모티브를 더러 건졌으니까. 어머니의 얘기는 그냥 들려주는 옛날얘기가 아니었다. 그 강조하시는 톤이나 표정에서 나는 어머니가 역설하시고자 한 포인트를 정확히 읽어냈다. 전엔 미처 몰랐던 것도 나이가 짙어가면서 더욱 확실해진다.

지금 문득, 그저 깔깔대고 좋아라 했던 얘기 하나가 떠오른다. 새벽 호랑이 얘기다.

"어흐응!"

어스름 땅거미가 지자, 호랑이는 새삼 목을 가다듬으며 거드름을 피운다. 아, 맛있는 먹잇감을 그리며 마을로 내려서자니 공연히 신이 난다.

부디, 부디….

'고운 색시나 큰 애기나, 고운 색시나 큰 애기나….'

그런데 이상하다. 그날따라 마을엔 사람들이 별로 얼씬거리질 않았다. 호랑이는 마을을 몇 바퀴나 돌았으나 마찬가지였다. 마음이 흔들린다. 점점 시간은 흐른다.

에이!

'아지매나 과부나, 아지매나 과부나….'

할 수 없지. 최선이 아니면 차선일밖에. 그런데 어떻게 된 게 상황은 별로 나아지질 않았다. 시간은 이미 자정을 훨씬 넘었다.

'할매나 할배라도, 할매나 할배라도….'

어라? 이젠 보리밥 쌀밥 가릴 계제가 못 됐다. 자칫 제가 잡아먹히게 될 판이다.

에라, 별수 없다. 정신없이 허둥댄다.

'쥐나 개나, 쥐나 개나, 쥐나 개나….'

아! '쥐나 개나'가 거기서 나온 말이었구나.

지금 보니 깔깔댈 일이 아니었다. 마치 우리 늙은이의 스산한

현주소만 같아 쓸쓸하고 서글프다. 새벽 호랑이에게 시방 무슨 별난 소망이 있겠는가.

나는 어렸을 때부터 입씨름이야 누구라도 자신이 있었지만, 몸싸움엔 누구라도 맥을 못 췄다. 다급하면 울 엄니한테 이른다는 협박이 고작이었다. (누군 엄니 없나.) 아마 어린 소견에도 아무도 대질에선 울 엄니를 못 당할 거라 여겼던 모양이다. 어머니는 그만큼 매사에 합리적이셨다.

어느 날은 밑도 끝도 없이 혼잣말처럼 이런 말을 하시는 것이었다.

"감옥소가 없는 세상이어야 하는디…."

나는 속으로 간단히 콧등을 퉁겼다. 그런데 어른이 되어가면서 어쩌자고 나는 그 말을 계속 되씹고 있었다. 꼭 숙제처럼 따라다녔다.

드디어 나는 그 테마를 이렇게 정리했다. 만약 세상에 형무소와 병원만 없다면 지상 낙원일 거라고. 물론 그것이 '없는' 것이 아니라 '필요 없는' 세상이 말이다.

누구라고 다를까만 나는 유난히 병원을 싫어한다. 이전 글에서도 말했지만 나는 가급적 병원 심방을 사양한다. 그래서 노권사님한테 혼난 적이 있다. 권사 딱지 떼라고. 맞다. 그래도 나는 지지 않는다. 다른 데 심방할 데도 얼마든지 많다고. 내가 병원을 꺼리는 거지 그렇다고 환자를 위한 기도를 안 한다는 말은 아니니까.

돌아보면 그렇듯 허약하고 심약한 내가 여지껏 별로 병원 신세를 안 지고 이만큼 버텨왔다니 전혀 하나님의 은총이었음에 감사 만만이다.

나는 어렸을 때부터 분수보다 돈을 잘 쓰는 푼수데기였다. 나는 무엇이든지 어머니께 필요를 통보하기만 하면 내 일은 끝났다. 글쎄, 현금이 잘 유통되지도 않던 옛날 시골구석에서 어머니가 무슨 수로 어떻게 해결하실지, 나는 몰라도 됐다. 요즘도 철딱서니 자식들은 다 똑같다. 아, 어.머니라서 모든 머니(money)의 해결사였을까.

그런데 그랬으면 됐지, 그럼에도 불구하고, 나는 지금 뭘 이렇듯 아쉬워하고 있는 것일까? 두루 딱 새벽 호랑이 심사만 같은 스스로가 실로 딱하고 민망하고 안쓰럽기 그지없다.

조금 부연(敷衍)하자면,

여학교 졸업 후 친구들이 준교사 자격증 시험을 치느라 우르르 몰려갔다. 들은 척도 안 한 내게 어머니는 몹시 궁금한 눈총을 보내셨다. 그때 내가 한 말, 대통령 되려는 사람은 면서기부터 올라가는 게 아니라고. 물론 늘 버릇대로 나의 실없는 농담이었지만

'그러면 그렇지!!'

갑자기 화알짝 핀 안도와 기대 어린 어머니의 그 흐뭇한 미소를 나는 지금도 역력히 기억하고 있다.

천재 났다고 온 고을이 떠들썩했는데… 그래서 숨찬 촌살림에도 구석구석 있는 대로 털어 투자했는데… 영심이, 말례, 복덕이

도 했던 초등학교 선생 한 번도 못 해보고 끝내 이 알량한 꼬라지로 말다니, 시방 울 엄니가 저 하늘에서 내려다보시면 얼마나 기함을 하실꼬! 후우-.

그렇다. 안쓰런 울 엄니를 위해서라도 나는 뭔가 달라야 했다. 그리고 무엇보다 우리 집에서 내게 들인 그 버거운 투자나 또 곁엣 사람들의 기대 때문에도 그냥 말 수는 없었다. 나는 무작정, 좌우지간, 남들과는 달라야 한다고 스스로 다짐하고 또 다짐했다. 1년도 아니요 10년도 아니요 장장 한평생을.
그런데 무엇을? 어떻게?
처음엔 철딱서니의 객기였을지 모르지만, 그러나 아니었다. 전혀 아니었다. 아니, 하나님께서 그렇도록 인도하셨다고 나는 굳게 믿는다. 돌이켜보면 내 꿈을 불 지르신 분도 그분이시요 또 그 꿈을 한사코 막으신 분도 분명 그분이셨다. 어쩌자고 죽자고 신명을 바쳐 오랜 세월 추구하게 해놓고 정작 열매가 무르익을 무렵 나로 하여금 미련 없이 돌아서게 하시다니…. 몹시 난해한 대목이지만 그 어처구니없는 이율배반적인 일련의 스스로의 작태를 나는 지금 감히 여기 미화하고 싶다. 그것은 그대로 '섭리'였기 때문이다. 아무리 따져봐도 그것은 전혀 헛된 추구도 낭비도 아니었다. 오늘의 내가 되는 데 불가결한 과정이었다고 나는 오히려 감사한다.

그러니 엄니! 너무 서운해 마셔요. 물론 비록 내놓을 만한 건 없어도 내가 그리 잘못 살진 않았어요. 내 글을 읽고 지친 나그네가 힘을 얻었고 굽은 길에서 돌아선 사람도 있대요. 날마다 애들과 아멘! 아멘! 하며 서로 인사를 나눌 수 있다면 잘 산 거 아녜요? 다 엄니 덕분이라구요. 아마 엄니도 내가 요것밖에 못 된 게 얼마나 홍복이란 걸 버얼써 아셨잖우. 행여 그런 대통령이나 그런 장관이 됐더라면 어쨌게. 헤-.

괜찮은 여자

가끔 나는 여자라는 동물을 이상하게 생각해본 적이 많다. 왜냐하면 나도 여자이면서 도무지 이해할 수가 없는 것이다.

젊어서부터 여권운동이랍시고 더러 왝왝 거려서일까? 가끔 내가 우울하고 서글픈 건 염치(자존감)있는 여자가 썩 많지 않더란 것이다.

한동안 여남동등을 어찌나 외쳐대기에 그것도 싸우는 한 방법일 수 있겠다고 처음엔 모른척 했었다. 과거 우리나라 남자들의 횡포가 어지간했어야지.

어느 날 여남동등이 한창 시끄러울 무렵 어느 모임에 강사로 나갔을 때였다.

나는 짐짓 무게를 잡았다.

"이제 좀 품위들을 찾으시지. 남녀 여남이 뭐가 그리 중요해?

사실 엄밀히 따지자면 만번 남녀가 옳지. 일란성 쌍둥이도 형과 아우로 불리우는데 어떻게 여남동등이야? 저를 앞에 달면 더 높아지나?"

모두들 약간 놀라는 기색이었다. 고하를 막론하고 성차별 앞에 선 유난히도 가차없이 추궁하던 사람이 무슨 말을 하고 있나 좀 헷갈리나 보았다. 참으로 단세포들이다.

나는 또 그네들이 알아듣지도 못할 말을 했다.

"누가 무엇을 어떻게 받아들이건 말건 공식은 이미 진리 안에서 정해져 있는 거야."

형! 아마 그네들은 속으로 코웃음을 쳤을는지도 모른다. 지금이야 세상이 엄청 변했지만 정말 옛날엔 숨이 막혔고 여성은 사람 축에 끼지도 못했다. 아무리 공부를 잘해 1등을 했어도 여자라고 1등을 안주던 시절이었으니 그게 어디 사람 사는 세상이랄 수 있던가!

바로 내가 그렇게 당했다. 그러나 나는 언제나 단순한 성차별에 대한 싸움이 아니요, 그 이전에 무엇이나 가당찮은 차별이 어떻게 모순이요 죄인가를 역설했을 뿐이었다.

포인트는 "그러면서 교회가 합력한 선, 사랑을 어떻게 외쳐댈 수 있는가?"

자, 지금껏 좀 색다른 한 여인을 소개하기 위해 긴 서론을 깔았다. 나는 그녀를 보면서 내가 여자라는 게 더없이 자랑스럽다.

어느 날 TV에서 몇몇 여배우들의 좌담이 벌어졌다. 흔히 텔런 트들의 이혼담이 심심풀이 땅콩이게 마련. 남편이 사업에 실패하고 혜은이가 100억대를 퍼 부었대나. 상황은 여전하고 남편이 아내를 위해 "제발 너나 편해라"며 이혼을 종용했고 결국 그렇게 낙착된 모양이었다. 혜은이는 남편이 착한 사람이라고 계속 반복하고 있었다.

그렇고 그런 얘기 처음 듣는 일도 아니요 나는 리모컨을 돌리려는데 혜은이가 말했다. 너무도 담담하게.

"거 왜 흔히 내조라고 하잖아요. 난 그렇게 생각했어요. 만약 내가 제대로 내조를 했더라면 그 남자가 그리 됐을까……"

나는 기절초풍하는 줄 알았다. 아무 감정도 없이 담담한 그 말은 잠자는 내 영혼을 깨웠다. 1000만원만 보태줬어도 다른 여자들이면 가히 볼만했을 것이다. 100억대를 부은 여자가 자기 내조가 부족했다?

나는 비로소 여자 같은 여자를 만난 듯 했다. 무엇보다 혜은이의 그 표정은 지금껏 내가 보아온 그 어떤 훌륭한 여자에게서도 전혀 느껴보지 못한 순수하고 우아한 느낌이었다. (아- 드디어 사람 봤네!)

그날부터 내가 뭔가 딴사람이 된 것 같다. 그날 나는 만세를 부르듯 외쳤다.

"이제부터 난 영원한 혜은이 팬이다!"

나무도 아닌 것이 풀도 아닌 것이

올 추석엔 드디어 매년 벼르기만 하던 고향 성묫길에 올랐다. 장장 10년이 넘도록 추석마다 만날 입으로만 간다간다 하면서 못 갔었다. 사람이 워낙 시원찮아 천 리 길 시달리며 그 북새통에 오 갈 생각만 해도 겁이 난 것이다.

어쩌면 그렇듯 아름답던 마을이 그 모양이 됐을꼬! 아는 사람이라곤 다 죽고 도시로 나가고 큰 마을이 폐허가 된 듯했다.

덩그런 집을 지키고 있는 구십이 훌쩍 넘은 올케는 막내딸 궁둥이만 졸졸 따라다녔다. 행여 딸이 어디로 사라져버리기라도 할세라 화장실까지 따라다닌다고 했다. 대부분의 집처럼 자식들이 많아도 이리 제하고 저리 제하고 보니, 시골만 고집하는 올케를 맡을 자식이 마땅찮았다. 그러니 홀로된 막내가 광주에 사는데 제집과 친정을 번갈아 엄마를 데리고 다니면서 살아야 했다. (한군데로

합칠 수 없는 특별한 사정이 있었다.)

잘난 놈은 남의 아들, 빚진 놈은 내 아들. 구부러진 소나무가 선산을 지킨다던가. 막내는 어렸을 때부터 이름이 바보였다. 나는 일찍부터 집을 나와 살았기 때문에 그 자세한 속내는 모르지만 어쨌든 내 보기에도 조금은 시원찮았다.

나는 어렸을 때 어머니로부터 걸핏하면 "버르대기 효자 노릇 한다더니…"란 말을 자주 들었다. 그 뉘앙스로 아마 버릇없는 막된 천덕꾸러기가 사람이 돼서 효자 노릇을 하는 미담이나 보자고 혼자 소설을 썼다. 한창 문학소녀였을 적에 이것저것 책이라면 닥치는 대로 읽다가 우리 무속 신화의 《바리데기 공주》 얘기를 알게 되었다. 어느 왕이 세자는 못 얻고 왕비가 일곱째 또 딸을 낳자 역정이 나서 애를 함에 넣어 강물에 띄워버리게 했다. '바리데기'는 버려졌다는 뜻으로 붙인 이름이었다. 물론 그가 나중에 부모가 앓아 죽게 되자 목숨 걸고 저승에 가서 영약을 구해다 살린 미담은 내 짐작과 같았다. 책 《바리데기 공주》는 인간이 마땅히 추구해야 할 선한 목표를 모두 이룬 도덕 교과서였다.

내가 이번 여행에서 얻은 큰 수확은 그대로 한 진리를 배운 것이었다. 막내 조카는 몸도 건강했고 무엇보다 놀랍게도 정신이 반듯했다. 그는 학생이 숙제하듯 매일 성경을 읽고 있었다. 제가 엄마를 모시는 것은 제 뜻이 아니요 이미 윗분의 계획이었다는 것이다. 형제들에 대해서도 원망도 생색도 전혀 없었다. 그런데 그가 그런 기특한 진리를 어찌 알았을까? 나는 '자칭' 뛰어난 머리를 아무리 굴려봐도 알 수가 없다. 일부러 말을 시켜본다. 어찌나 활달하고, 논리 정연까지는 아니라도 적어도 말의 핵심이 분명하다. 대꾸하는 내가 오히려 버벅거릴 지경이다. 그는 틀림없는 바리데기 공주였다.

나는 그가 너무 예뻐서 용돈을 듬뿍 쥐여주었다. 엄마하고 맛있는 거 사 먹으라고. 그냥 그의 하는 짓이 기특해서만이 아니라 우선 나와 말이 된다는 게 나는 그것이 더 신통했다. 그의 말은 교회의 중직들에게서도 흔히 들어보지 못한 것이었으니까. (어머! 어떻게 이런 일이…….)

그리고 또 그는 인사(예의)가 각별했다. 아마 누구는 그것만으로도 벌써 그가 세상적 바보임에 틀림없고 나의 전매특허 '바보예찬'이라고 지레짐작할는지 모르지만, 아니다! 그의 모습은 전혀 어색하지 않고 자연스러워 그 어디에도 바보스런 데가 없다는 것을 강조해두겠다. 나는 지금 그를 저렇게 변화시키신 분이 분명코 따로 계시다는 것을 말하려는 것이다. 그의 성경관을 보면 금방 답이 나온다. 바로 그 점이다. 서양 문화의 발달은 공부를 많이 해서가 아니라 성경을 탐독했기 때문이라는 게 정설이다. 성경을 모르는 유식한 사람과 성경을 꿰는 무식한 사람을 한번 눈여겨 비교해보라. 유·무식의 참의미가 무엇인지를 알게 될 것이다.

나무도 아닌 것이 풀도 아닌 것이

윤선도의 〈오우가〉를 모르는 사람은 당장 그다음에 '암것도 아닌 것이'라고 토를 달 것이다. 정작 그는 아무것도 아닌 바보로 내

놓았었다. 그런데 그런 그가 어떻게 저리 변했을까? 내가 몸부림
해도 이르지 못한 경지에 그는 이미 도달해 있었다. 가식 없고 허
세도 아닌, 그는 정말 하나님께서 예뻐하실 수밖에 없겠다 싶었
다. 부러웠다.

대나무는 결코 '아무것도 아닌 것이 아니'라고 윤선도는 지금
칭송하고 있다.

　　곧기는 뉘 시켜서

　　속은 어이 비었는고

머리끝부터 발끝까지 허욕으로 가득 차 있는 인간이 대나무의
그 절개와 겸양을 칭송해 마땅하다.

작가마다 특별히 더 애착을 느끼는 자기 작품이 있다. 나의 첫
번째 책에 〈나는 나〉라는 글이 있는데 나는 그 글을 몹시 좋아한
다. 특별히 사랑을 전하고 싶은 사람에겐 꼭 그것을 읽어보라고
권한다. 그것을 읽으면 그가 그만큼 자신감을 가지고 떳떳해질 거
라 믿는 것이다. 그런데 누구의 교훈도 교육도 받지 않은 우리 바
리데기 공주께서 마치 누가 뚝 떠다가 그 자리에 앉혀놓은 듯한
경이로움에 나는 지금도 먹먹해 있다.

사람은 누구나 어딘가 약간 막힌 데가 한두 군데쯤 있다. 본인
자신도 그것을 알고 고쳐보려 몸살을 하기도 하지만 그러나 잘 안
된다. 사람들은 그것을 그냥 그 사람의 기질로 치부해버린다. 그
런데 성령은 한순간에 하신다.

참으로 신비한 노릇이 아닐 수 없다. 성령께서 그 막힌 데를 살짝 건드려주기만 해도 사람이 180도 달라질 수 있다니….

결코 '암컷도 아닌 것이 아닌' 존귀한 나, 그것이 바로 내가 하나님의 자녀이기 때문이라는 데 이리 감사할 따름이다. 할렐루야!

그 모퉁이를 돌아라

5층 거실 창가에 앉아 바로 코 아래 공원 산책로를 내려다보고 있노라면 아주 마음이 안온하고 평화롭다. 신기하게도 그때만은 아무런 잡념이 없어진다.

아침에 일어나 목을 빼고 내다보는 첫 시간부터 저녁 잠자리에 들 때까지 조금은 드문드문하거나 줄줄이 이어지는 차이는 있어도 걷는 사람은 끊이지 않는다.

참으로 자연의 섭리는 정확 무오 해서 사람들이 앙상한 나뭇가지 사이로 알몸을 다 드러내놓았었는데, 어느새 며칠 사이에 파릇파릇 나무 이파리가 서로 엉기더니 이제 사람들 모습이 희끗희끗 대충만 보인다. 아무리 걷는 게 몸에 좋다지만 참 어지간히들 한다는 감탄을 금할 수 없다.

그러니까 산책로의 모습은 그대로 인생의 축소판이 되고 있다고나 할까. 흥뚱항뚱… 세월아 네월아 천하태평형, 뭐가 그리 급한지 종종걸음으로 발을 구르는 사람, 가볍게 러닝 하는 사람, 지팡이를 짚고 절뚝절뚝… 또 힘겹게 핸드카를 밀거나 휠체어 타고 부축을 받는 사람도 있다. 모두가 살기 위한 필수적인 운동이다. 저것도 못하고 누워 있는 사람에 비하면 얼마나 감사한 노릇인가.

나는 버릇처럼 희떠운 생각을 한다. 그래, 저 사람들은 살아서, 건강해서, 뭘 어째 보겠다는 것일까? 그냥 안 아프고 오래 살고 싶어서? 물론 누구에게나 그 두 가지 염원은 다 있을 것이었다. 어쨌든 무조건 아프진 말아야 한다. 찬란한 꿈이 있건 없건 사람은 일단 건강해야 한다.

그런데 인간의 그 한결같은 염원은 왜 충족이 안 되는 것일까. 굳이 원죄론을 들먹일 것 없이 그냥 운동을 해보자. 그런데 운동을 한다고 꼭 장수하는 것도 아니었다. 날마다 운동으로 다져진 무쇠 같은 건강체가 의외로 쉽게 무너지는 걸 보며 어리둥절해한다. 수명과 건강은 반드시 일치하지 않는다는 것이 정설이다. 점점 복잡해진다.

나는 어느 날 이런 엉뚱한 공상을 하고 있었다. 한 생명이 탄생하면 컨베이어 벨트 위에 올려진다. 하나님의 사자들이 차례로 그 생명에게 선언한다.

"넌 80!"(수명)

"넌 간장!"(허약점)

"넌 100억!"(재산)

"넌 공주!"(신분)

그런데 당사자는 막상 아무것도 모른다. 그래서 그저 열심히 사는 것이다. 그 누구도 자기 꿈을 구상하고 성취해보려는 노력을 포기한 사람은 없다. 왜냐하면 모든 사람이 꼭 일률적이지 않기 때문이다.

그래서 오히려 세상은 살 만한 게 아닌가. 그런데 한 가지 안타까운 것은 자신의 미욱함으로 인해 인생을 무가치하게 소모, 낭비했을 경우이다. 그것은 전혀 자신의 포부도 소망도 아니었는데 타(他)에 의해 떠밀려 억울하게 그리됐을 때, 진정 땅을 치고 울게 된다.

어느덧 호랑이 담배 먹던 얘기지만 내가 문학소녀였을 적에 〈그 모퉁이를 돌아라〉라는 나의 습작 단막극이 있었다. 그땐 참 어지간히 열심이었다. 시·소설·희곡… 닥치는 대로 썼다. 그런데 지금도 그 단막극의 플롯을 생생히 기억하고 있다.

A와 B가 어느 날 어느 장소에서 만나기로 약속했다. 그들은 틀림없이 약속 장소에 나타나서 상대를 기다리고 있었다. 그런데 거기는 구부러진 한 모퉁이였다. A는 이쪽에서 B는 저쪽에서 서로를 하루 종일 기다리면서, 그 앞을 지나가는 사람들의 하루의 역사가 전개되는 내용이다. 한쪽에선 공연히 지나가는 사람과 시비가 붙기도 한다. 비록 너무 엉뚱하고 원치 않은 결과가 발생했지만 나는 테마도 시추에이션 설정도 썩 괜찮았다고 생각한다. 어린 수준에 어찌 그리 거창한 테마를 끄집어냈는지 신통하기만 하다.

자, 그러면 여기서 그 테마가 노리는 점은 무엇인가? 왜 세상을 우매한 제 기준으로 결론을 내리는가이다.

A도 B도 분명 약속 장소에 틀림없이 나갔다. 조금, 아주 조금, 한 발짝만 몸을 틀어 찾아보았더라도 그런 비극은 피할 수 있었을걸. 우리는 그럴 때 흔히 '불운'이란 딱지를 붙여 편하게 치워버리고 만다. 그리고 또 같은 짓을 되풀이한다. 문제는 그 모퉁이만 돌면 소망의 내 인생이 거기 있는데, 왜 평생 남 구경만 하고 사느냐이다. 지금도 나는 같은 생각이다. 인생은 보다 더 동적으로, 적극적으로 살아볼 필요가 있다. 결론은 모든 것이 나의 소극적, 폐쇄적 사고에 있었다고 인정하자는 것이다.

가슴을 펴라. 크게 심호흡을 하고 신선하고 맑은 공기로 체내의 편협한 독소를 뿜어내라. 세상은 결코 내 눈앞의 세상이 다가 아니다. 그 모퉁이를 돌아라! 그곳이 네가 그토록 그리던 너의 보금자리일 수도 있었다. 안타깝다. 사람들은 착실히, 열심히 산다고 사는데, 대부분 저와 상관없는 남 '구경'만 하거나 그들의 '흉내'만 내다 말다니.

어느 날 권사회에서 요양원에 계시는 노권사님을 심방했다. 구십이 훌쩍 넘은 권사님은 연로하셔서 정신이 좀 왔다 갔다 할 뿐, 그래도 잘 잡수시고 건강도 좋으셨다. 한 권사가,

"권사님! 나 알아보시겠어?"

"응? 글쎄……."

노권사님은 이름이 잘 생각나지 않는지 눈만 껌벅거렸다.

"나, 김윤희!"

"으응, 김유심!"

"김윤희이!"

"그래, 김유심!"

"아니, 김. 윤. 희!"

"그래, 김유심. 오랜만이다야."

이놈의 노친네가 완전히 갔구나 싶은 떫은 얼굴로 그 권사는 자리를 비켰다.

내가 노권사님 손을 잡으며,

"권사님, 나 김유심. 아시겠어?"

"그러엄, 내가 왜 김유심을 몰라."

저 밑바닥에서 울컥한 게 끓어올랐다. 오락가락한 다 늙은 노인네가 제 이름을 기억해주는 게 뭐 그리 천지개벽이라도 되는 양 신나라 할 건 뭐람. 물론 그분이 내 이름을 뇌이시는 건 생생한 기억이 아니라 어쩌면 그냥 늘 외웠던 습관일지도 모른다. 그래도 앞의 권사가 뜹뜰한 기분인 것과 똑같이 내가 팔랑한 기분인 것도 아마 같은 뜻일 것이다. 나는 그때 누군가에게 나를 그리 반색하며 맞아줄 기억을 심어줬다는 게 얼마나 행운인가를 새삼 절감했다. 고맙고 감사하기 이를 데 없었다.

"권사님, 건강하게 오래오래 사셔야 해?"

이제 그분은 올해 100세가 되셨다. 그분은 젊었을 때 목사님의

사모님으로 월남하신 이래 혼자서 자식들을 키우며 고생하시면
서도 평생을 쉬지 않고 교회 일을 하셨고 끊임없이 우리 후진들을
보살펴오신 분이다. 평생을 이름도 없이 빛도 없이 그렇게 봉사한
참종들이 있었기에 오늘 교회는 이만큼 성장해왔다.

금세 내 마음에 그늘이 진다. 내가 그렇게 살기를 그다지도 소
망했건만 나는 과연 누구의 가슴에 내 이름 석 자를 심어줬을까?
나는 편협하고 옹졸한 내 마음의 모퉁이를 돌아 누구를 얼마나 두
루 살피고 살았을까? 답답하고 울적할 때 내 얼굴을 떠올리며 조
용히 입을 옆으로 찢을 수 있는 사람을 몇이나 두었을까? 어림 반
푼도 없다. 나는 초지일관 "악하고 게으른" 종일 뿐인 데야.

공원 운동장에서 에어로빅 체조가 시작됐는지 시끌하다.

잘 살 거야 잘 살 거야

우리 모두 잘 살 거야

잘 사는 날이 올 거야……

왠지 좀 유치한 것 같던 그 노래가 오늘따라 무척이나 정겹다.

그래, 잘 살자. 우리 모두 잘 살자.

서로 사랑하며 또 사랑하며.

위크 포인트(weak point, 약점)

어떤 이는 나더러 까다롭다고 한다. 그러나 나는 전혀 그것을 수긍할 수가 없다. 나만큼 단순명료한 사람도 드물 테니 말이다. 자기넨 그냥 제 맘 내키는 대로 아무렇게나 편할 대로 살면서 왜 가만히 있는 날 까다롭다고 하는지 아무리 생각해보아도 이건 억울하다.

자, 보자. 누가 11시에 오겠다고 해서 그러라고 했다. 나가서 잠깐 볼일 보고 시간 맞춰 들어왔다.

11시가 지나자 온다던 사람한테서 전화가 왔다. 전화했더니 없어서 다른 일 좀 보고 오기로 했다고 5시에 오겠단다.

어이가 없었다. 나는 이렇게 말했다.

"지금이 11시잖아요."

무슨 일로 오겠다는지는 모르지만 내 일이 아님엔 틀림없다. 약속을 했으면 제시간에 올 일이요, 급하지 않은 거면 아무 때나 사람이 있을 때 오면 되는 거지, 왜 또 굳이 5시에 오겠다고 못 박을 건 뭐람. 제멋대로 사람을 하루 종일 묶어놓다니 슬그머니 짜증이 피어오른다.

대부분의 사람들은 매사에 꼭 그런 식이다. 그래 놓고 행여 내가 난처한 기색이라도 보이면 그땐 나만 나쁜 사람이 된다. 이것이 일반적인 한국 문화요, 아마도 한국 사람들은 여러 면에서 '약속'이란 단어의 뜻을 정확히 잘 모르고 있을 새 분명하다.

그러니까 내가 까다롭다는 건 정녕 무엇에나 이유가 분명하다는 점일 것이다. 나는 뭘 적당히 어물쩍 넘기는 짓을 잘 하지 못한다. 마음이 수긍하지 못하는 일이면 몸이 전혀 말을 듣지 않는 단순 체질이라서 나로서도 천성을 어쩔 수 없는 노릇이요 지금 와서 돌이켜보면 그래서 그동안 내가 당한 손해가 이만저만이 아니었던 것 같다.

아무래도 오늘은 그 못난 성격의 밑천 자랑을 좀 해야 할까 보다.

열 번씩이나 이사를 다니다가 비로소 우리가 처음 내 집이란 걸 가져본 곳이 초등학교 후문 쪽이었다. 명문 사립이었다.

가계 분수엔 맞지 않았지만 그렇다고 옆에다 학교를 놔두고 짐짓 공립학교를 찾아 나갈 것까지야 없겠고 로마에 갔으면 로마법을 따를 각오는 돼 있었지만 막상 첫애를 입학시켜놓고 보니 내 체질로는 난감한 일이 한두 가지가 아니었다.

비록 나이는 사십이 다 됐지만 늦둥이 첫 학부모로서 나는 '학부모 계명'을 전혀 아는 바가 없었다. 그저 주위 사람들의 조언을 참고할 따름이었다.

개학하자 곧 얼마 후 첫 봄소풍이 있었다. 엄마들 말로는 그땐 꼭 봉투를 준비해가야 한다고 했다. 자식에게 보다 양질의 교육을 받게 하고 싶지 않은 부모가 세상에 어디 있으랴만, 그래서 비싼 수업료야 감수한다 치더라도 당시의 사립학교 풍토란 게(나중엔 공립학교도 마찬가지였지만) 정말 듣기보다 장난이 아니었다.

소풍 날, 나의 신경은 온통 엄마들의 동태에만 묶여 있었다. 드디어 어느 짬엔가 하나둘 선생님 곁으로 몰려들었고 삽시간에 땅바닥 잔디 위엔 봉투가 수북이 쌓였다. 분명코 나도 곁에까지 묻어갔지만 수북이 쌓인 봉투를 보는 순간 나는 나도 모르게 울컥하여 그만 몸을 획 돌려버리고 말았다.

'아, 이건 아니야!'

철렁한 내 마음의 소리였다. 우선 시점이나 방법이 나로선 도저히 할 수 없는 짓이었다. 어쩌자고 다짜고짜 처음부터 봉투 들이밀면서 잘 봐달라고? 뭘?

그날 내가 봉투를 그대로 도로 가지고 돌아오고 만 것은 물론이다.

그때부터 나의 고민은 시작되었다. 아이에게 불이익이 돌아올 거라는 선험자들의 걱정 탓도 있었지만 무엇보다 그날의 광경이

자꾸만 눈에 밟혀 앞으로 내가 또 어찌 처신하게 될지 나는 그게 더 두려웠다.

나는 죽자코 어서 시간이 좀 흘러가주기만 기다릴 수밖에 없었다. 시간이 지나다 보면 자연스레 선생에게 인사할 명분이 생기지 않겠는가.

결국 나는 학년이 끝날 때에야 그동안 감사했다고 대충 감안해 한꺼번에 인사를 했다. 아무리 잘 챙기는 엄마도 일단 끝나면 언제 봤냐는 식이라는데, 별난 엄마도 있다고 소문이 났다지만 그래 봤던들 무슨 소용이람. 내 아이는 1년 내내 눈치를 당했을걸.

줄줄이 아이 셋을 학교에 보내면서도 나는 먼저 바치는 그 뇌물성 인사만은 끝내 하지 못한 것이다. 바보! 그럴 바엔 차라리 말아버리지? 그러나 그것도 아니다. 철부지를 맡겨놨으면 사람이 인사는 있어야 도리일 테니까.

우리는 사내아이만 셋을 두었는데 막내만 자동적으로 군 면제를 받았을 뿐(방위산업체 근무) 문과 출신 두 놈의 병역 때문에도 아픔이 많았다. 특히 한사코 입대를 싫어하는 둘째 놈을 억지로 등 떠밀어 보내놓고 나는 얼마나 울었는지 모른다. 아이가 몸이 약한 데다 그것도 하필이면 오뉴월 염천에 영장이 나왔으니 심약한 엄마로선 안절부절못했다.

대학을 졸업하고 나니 나이도 많았지만 아이는 무엇보다 제 친구들은 태반이 면제받았는데, 바보처럼 저만 끌려가는 것 같아 그게 싫은 모양이었다. 사실 당시엔 내 주위만 해도 그랬었다. 어쩌면 그다지도 재주들이 좋은지! 나는 그때처럼 자신의 무능에 자괴감을 느껴본 적은 없었다.

우리(아빠와 엄마)는 아무 염려 말고 일단 논산 훈련소집에만 응하라고 아이를 달래서 입영시켰다. 아이는 군 고위층에 아빠 친구분이 계심으로 철석같이 믿고 순순히 응했다. (그보다 못한 사람도 잘도 빠지던데 뭐.) 그런데 사실 나도 애 아빠는 나보다 좀 나은 줄 알았는데 그 밥에 그 나물이었다.

우리는 꼼짝없이 그대로 3년이라는 세월이 흘러가는 것을 착실히 지켜보고 있을 뿐이었다. 지금도 그 문제만은 아이에게 미안하고 면구할 따름이다.

그야 결과적으로 다 하나님의 은혜였지만 그렇다고 청문회에 나갈 주제도 못 되면서 이제 와서 거창하게 무슨 국가관이니 신성한 국민의 의무니 딴전 부리지 않겠다. 그것은 다만 그 뇌물성 인사를 죽어도 하지 못하는 나의 못난 성미 탓이었을 뿐이니까. 실로 아이러니가 아닐 수 없다. 거 김 권사는 예수교인이 아니라 공자교인 아니냐고 농할 만큼 인사 잘 차린다는 주제에 말이다.

나는 결국 그 명분주의 때문에 세상적으로 실패자가 된 사람이지만 내게도 원대한 포부와 꿈이 있었다. 비록 겉모양은 희멀쑥-시원찮아 보이지만 앉은자리에서 꼬박 24시간을 꼼짝 않고 버틸수 있을 만큼 썩 끈기와 집념의 사람이었다.

나는 아직 성경을 알기 전부터도 사람은 반드시 창조주의(피조물이라면) 뜻을 따라 자기 달란트에 충실하며 살아야 할 존재로 신봉했고 그래서 사람이 엄벙덤벙 대충대충 떠밀려 사는 것을 싫어했는지도 모른다. 더 자세히 말하면 나를 보내신 이의 뜻을 따라 내가 할 수 있는, 해야 할 일을 위해 마땅히 목표를 두고 이를 이루고자 전폭(시간, 정력, 물질)을 걸었다. 1년도 아니요, 10년도 아니요, 일생을-. 그럼에도 불구하고 내가 아무런 가시적 열매를 거두지 못한 이유는 무엇이었을까? 우선 분명한 한 가지는 목적을 위하여 수단을 가리지 않는 요량이 내게 없는 것이었다. (물론 목적은 달성함으로써 의미가 있는 것이요 결코 그 자체로서 의미가 있는 것은 아니지만, 그러나 달성되기만 하면 그만일 목적이라면 정녕 달성되어선 안 될 목적일 것이다.)

그 산을 깎아 올리고 남은 것이 바로 그 계곡이라 했던가. 그 사람의 장점이 곧 단점이요 그 단점이 바로 장점인 거라고.

내게도 나름대로 꼼수는 있었다. 딱하게도 나는 나의 약점을 보완하기 위해 늘 남보다 배나 더 출혈을 각오한 것이다. 앞에서 언급한 대로 먼저 흥정하면 간단할 걸 그것을 못해서 실속 없는 사례를 하거나 아니면 일을 그르치기 십상이니 매사에 아예 장기전으로 임했다. 나를 믿어주면 결코 후회하지 않을 것이란 걸 인지시키느라 평소에 나의 인격, 능력, 가능성을 알아보도록 혼신의 수고를 다해야 했다. 불확실한 미래를 두고 지지리도 미련한 산술이 아닐 수 없다. 흔히 사람들이 건(件)당 승부를 선호하는 습성이란 걸 결코 모르지 않으면서 말이다.

그러나 역시 내가 그토록 소망하던 예외는 없었다. 평소의 성실한 헌신이 흥정 앞에선 오히려 걸림돌이 된다는 것을 나는 그제야 알았다.

　아니, 세상에 예외가 없다는 말은 틀린 말이다. 유비의 삼고초려 같은 것도 얼마든지 있잖은가. 그러니까 그렇듯 내 인생이 비꾸러지고 만 것은 쉽게 말해 내가 인정받을 만한 인물이 못 되거나 아니면 상대에게 인물을 알아보는 안목이 없거나 둘 중의 하나다. 내가 아니라면 당연히 생각을 접어야 할 것이요, 상대가 아니라면 그런 사람들과 더 이상 함께해야 될 이유 또한 없을 것이었다.

　그 후, 많은 기대 속에 선택된 사람들이 선택해준 쪽에 보람은커녕 전혀 누(累)가 되고 있는 것을 보면서 나는 쓸쓸하게 '사필귀정'이란 단어의 뜻을 새삼 음미하고 있었다.

　배신이란 본시 착각의 산물이고 보면 그렇게 언제나 배신당한 쪽이 오히려 죄인이게 마련이지만, 하나님은 안쓰런 나를 이 모양 저 모양으로 위로하셨고 이렇게 그 덕분에 감히 하늘을 향하여 외치는 한 점 부끄러움 없는 나의 호기가 바로 그 억울함의 대가라면 나는 나의 쓰라린 패배를 차라리 두고두고 감사할 것이다.

　이것은 결코 자존심의 헛기침이 아니다. 가변 차선에 잘못 들어선 인생이 이제야 겨우 구출받았으니까.

　똑똑한 자식들을 에미가 다 망친다고 들볶던 남편의 모습이 떠오른다. 예수는 저나 믿지, 어쩌자고 사내자식들을 그리 멀쩡한 바보로 키우느냐고. 물론 나는 그 논리에 승복할 수 없었지만, 지금 생각하니 누구들 보기엔 만 번 지당하신 말씀일까 보다.

우리 집안엔 나의 그 약점 때문에 잇따라 희생자가 나오고 있다. 우리 가족 중에 특별한 달란트를 가진 식구가 있다. 이미 그의 실력은 공인받았고 주위에서들 그의 활발한 활동을 기대해왔다. 그런데 좀처럼 활동 무대를 얻지 못한 것이다.

미련이 밑천인 우리는 그저 기도만 했다. 그것이 짜고 치는 고스톱이란 걸 알 만했는데도 번번이 혹시나 하며.

"순진하긴⋯."

보다 못해 주위에서들 충고해왔다. 그게 고집 부린다고 될 일이 아니니 공연히 아이만 들러리 세우지 말고 손을 쓰라고.

"손을 써? 어떻게?"

아, 내겐 가장 무서운 아킬레스건이었다. 비명을 지를 수밖에.

나는 애원했다. 내가 나중에라면 배(倍)로 사례할 테니, 제발 누가 가서 그 칼자루 쥔 나으리들께 꼭 좀 그렇게 전해달라고.

참으로 절통할 노릇이었다. 응시도 하기 전에 이번엔 어떤어떤 연고로 누가 될 거라고 아예 공공연히 소문이 날아다녔다. 세상이 깨끗지 못하다는 거야 모르는 사람이 누구랴만, 그래도 설마 그 정도일 줄은 정말 상상도 못 했었다.

저 밑바닥에서 불끈 치밀어 올라오는 게 있었다.

'홍정해버려?'

비록 나를 위해선 못 했어도 자식을 위해선 못 할 것도 없을 것 같은, 느닷없는 오기가 생겼다. 어떻게든 자식의 앞날을 열어줘야 할 부모가 길을 가로막고 있다면 도대체 말이 되는가.

그러나…… 그러나 나는 끝내 그렇게 하지 못했다. 사람이 어떻게 하루아침에 바뀔 수가 있다던가.

아마 아이를 기대해온 이웃은, 지금 그것이 무슨 자랑이라고 늘어놓는 거냐며 몹시 역정스러울 것이다. 동감이다. 그렇다고 그것이 허물일 수는 더욱 없는 것 아닌가.

나는 그 엄청난 부조리에 침묵만 하시던 하나님께서 끝내 욥에게 나타나셨던 것처럼 우리에게도 반드시 그리해주시길 빈다. 아무리 사람 보기에 잘못된 것 같을지라도 하나님은 차라리 '그랬기 때문'에 더 좋도록 인도하시는 분이시오매.

(물론 나는 이것을 추호라도 나의 '믿음'이라고 강변하지 않겠다. 나는 분명 그것을 '빈'다고 했지 '믿는'다고 하지 않았다. 그러나 어떻게든 그분의 본심은 증명되어질 것이다.)

진정 우리는 최선을 다했는 데야…….

그랬기 때문에

　내겐 늘 개그가 몸에 배어 있는데, 다 동네(고향) 물 탓이라고 말한 적이 있다. 그것이, 내가 누구보다 예민한 체질이면서도 이만큼 장수하도록 해준 일등공신이요, 모진 세파를 헤쳐오는 비밀 병기였다니….

　오늘은 또 여기 너스레를 좀 떨어야겠다.

　"까똑!" 소리는 언제고 귀엽고 마음 설레게 한다. 며칠 적조하다 싶더니 막내다.

　"요즘 몸은 좀 어떠신지요."

　시원찮은 엄마가 추석에 멀리 시골 다녀왔더니, 제 딴엔 인사 차린답시고 하는 말이다.

　"괜찮다. 나야 마귀가 아무리 집적대봐야 먹을 게 생겨야지. 다른 집은 온 식구가 달라붙어 우충좌충 난리 법석이니 뭐 좀 얻어

먹을까 싶겠지만, 딸도 없는 썰렁한 우리 집이야 어떤 놈도 신경 쓰는 놈이 없으니 재미가 없어 지 스스로 슬그머니 빠져나가버린 다니(까)."

"언중유골이네요."

"아시니 다행이네요."

그룹 채팅이라 깔깔대며 둘째가 붙는다.

"추우신데 옷 껴입으시고 감기 조심하세요."

"형! 영양가도 없는 어벙한 빈말이지만 아따, 누가 보면 나도 썩 행복해 보이겠다야."

미국 큰놈까지 일제히 웃는 광대 이모티콘이 동시다발로 뜬다.

"힘내세요. 우리가 있잖아요."

"그러게! 시방 엄마 엄청 행복해 보이겠다니까, 흐응…."

전에 〈우리 가족의 화법〉이란 글을 썼는데, 언제부턴가 이런 식 화법은 우리 집 가풍이 되어버렸다. 그리된 내력은 우리 부부의 불협화음이 주원인이었다.

긴 얘긴 줄이기로 하고.

어느 날 TV에서 두 남녀가 객담을 하고 있었다.

남: "로또는?"

여: "우리 부부와 같다."

남: "왜?"

여: "너무 안 맞아서."

깔깔……. 물론 그 둘의 안 맞음은 결코 뜻이 같은 것은 아니지만 그 여자도 아마 나 같은 심정인 것 같았다. 누가 봐도 알 수 없는 희한한 사실은, 그래도 남 보기엔 우리 부부처럼 좋아 보이는 관계도 드물 것이었다.

어느 날, 그날따라 남편이 정말 죽이고 싶도록 더 미웠다. 나는 정신을 차리려고 짐짓 크게 심호흡을 했다. 후우… 후우…… 드디어 한참 만에 나는 너무도 태연하게 속엣말로 이렇게 옹알거렸다.

"소리 안 나는 총 하나에 얼마나 하지?"

어쩔 것인가. 어차피 판을 파투 내지 못할 바에야 옹색한 자구책이라도 동원할밖에. 그러자 갑자기,

"아핫핫하…… 핫하……."

배를 움켜쥐고 숨넘어가는 쪽은 오히려 그쪽이었다. 뭐가 그리도 즐거운지 의외였다.

"그래도 속은 있나 보네."

"하하…… 하하, 그래그래. 어이구, 어이구우….."

끙끙거리는 남편의 모습이 더욱 웃겼다. 어떻게 그리 끔찍한 말에 웃음이 나올까? 속 좋게 천진하게 웃고 있는 그 모습에 나는 맺힌 게 다 날아가버린다.

"당신 참 대단해. 어떻게 그럴 때 그런 조크가 나오지?"

"허이구, 착각은 자유셔. 나, 조크 아니라 사실이거든."

"그래그래. 좋아. 죽어도 싸지 어쩔껴. 소리도 안 나는데 아무도 모르게 죽어야지."

이번엔 내가 큰 소리로 웃는다. 그러고 보니 그이가 나보다 한 수 위였다. 코미디언이 따로 없다. 그래서 우리는 만날 서로 빈정대며 웃고 산다.

얼핏 보기엔 썩 재미있고 어쩌면 부러울 듯도 하지만, 그러나 여기까지 오는 데 나름대로 형언할 수 없는 피투성이의 자기 싸움이 얼마나 처절했는지 누구도 알 리가 없다. 바꾸어 말하면, 처음부터 좋아서 웃은 게 아니라 하도 어이가 없어 그냥 웃다 보니 더 나빠지지 않더라는 말을 나는 지금 하고 있다.

그러니까 오늘의 테마는 설사 무엇이 이미 끝난 이후에라도 소위 팩트의 반전(反轉)은 얼마든지 가능하다는 말이다.

요즘 웃음이 건강에, 삶에, 얼마나 지대한 영향을 미치는지, 의학적·사회적으로 어지간히 강조되고 있다. 그렇다고 내가 무슨 선견지명으로 뭘 알아서 짐짓 그 길을 택한 것이 아니요 살아남기 위해 발버둥 치다 보니 떠밀려서 그리된 것이지만, 결국 늘 하던 대로 모두 공평하신 하나님의 은혜였다고밖에 따로 할 말이 없다.

자, 믿음 얘기로 돌아가보자.

흔히들 기특하게도 '그리 아니 하실지라도'의 신앙에 한껏 성숙함으로 으쓱하는데, 나는 그보다 나아가 '그럼에도 불구하고'를 넘은, '그랬기 때문에'의 신앙을 얘기해볼까 한다. '그랬기 때문'은 '그렇기 때문'의 가변적 상황이 아니라 '그리 돼버렸기 때문'으로, 이미 모든 게 끝나버린 결과(주로 나쁜)를 어찌 받아들일 것인가이다. 아무렴! 길은 있었다. 그랬기 때문에 더 좋도록 인도

하실 하나님의 계획은 왜 보이지 않는가.

'옳아! 그 길이 있었네.'

하지만 에이! '그리 아니 하실지라도'는 스스로의 기특한 명분이라도 있지, 이건 억지라고? 아니다. 나는 장담한다. 세상사 모두가 꼭 다 좋은 것만도 다 나쁜 것만도 아니다. 다만 그것을 어떻게 받아들이느냐의 차이다. 거듭 되풀이하건대, '오히려 그랬기 때문'에 '차라리 더 좋도록' 인도하실 하나님의 계획은 분명코 그 안에 있었다. 그러니 당신은 예수님의 말씀대로 그것을 그냥 '믿기만 하면' 된다. 해보지도 않고 입방정 떨고 초를 치는 것은 결코 믿음의 자세가 아닐 것이다.

언젠가 친구가 잔뜩 근심에 쌓여 풀이 죽어 있었다.

"왜? 뭘 그까짓 거 가지고 그래? 허이구! 멍청한 덴 약도 없어요. 왜 되는 쪽을 놔두고 안되는 쪽만 붙들고 있어? 믿음이 뭐 별건가? 제게 유익한 쪽으로 믿고 맡기는 거야."

나는 짐짓 대수롭잖게 넉살을 떨었다. 듣기 따라선 몹시 고까울 수도 있었겠지만 친구는 금세 활짝 깔깔대고 웃었다.

얼마 후 일은 잘됐고 그 친구는 내게 그때 고마웠노라 했다. 물론 내가 받을 인사는 아니지만 여기서 중요한 것은 이 껀(件)은 일이 잘됐기에 망정이지 그러나 얼마든지 잘못될 수도 있는 것이다. 또 나의 십팔번이 나올 차례다. 결과는 내 것이 아니요, 과정만이 내 것이란 말이다. 문제는 결과가 내 몫이 아니기에, 우리는 '그랬기 때문'에 순복하는 것이다. 그렇다고 아직 끝은 아니다. 계속 그다음, 또 그다음을 그분의 뜻에 맡기자고. 반드시 더 좋도록 인도하실 것이다. 끝이 좋아야 좋은 것 아니겠는가.

주기도문 시비(是非)

나는 어느 날 기도하는데 주기도문을 외우다 그만 까무러치는 줄 알았다. 늘 하던 대로 처음엔 조용히 외웠으나 '우리에게 일용할 양식을 주옵시고… 우리가 우리에게 죄 지은 자를 사하여 준 것 같이 우리의 죄를 사하여 주옵시고……'

'엉? 뭐야?……'

나는 갑자기 벽력같이 소리를 질렀다. 대부분의 믿는 이들이 주기도문을 거의 습관적으로 대충 외우는 경향이지만 어쩌자고 난 그제서야 그 사실을 알았단 말인가?

아- 나는 기가 막혔다. 만약 우리가 우리에게 죄 지은 자를 사하여 준 것 같이 하나님이 우리의 죄를 사하여 주신다면 우린 과연 어디까지, 얼마만큼 죄사함을 받을 수 있을까? 어림 반푼도 없는 노릇이었다. 와- 우리 인간이 언제부터 그렇듯 서로 너그럽게 죄를 사하며 살아가는 따뜻한 동물이던가!

"헛!"

헛웃음이 절로 터진다. 나는 그냥 큰 소리로 주기도송을 외친다.

"우리들의 큰 죄 다 용서하옵시고……"

차라리 깔끔하고 한결 마음이 환하게 밝아진다.

나는 그 후론 주기도문을 외울 때 이 대목은 입 다물고 결코 외우지 않는다. 서푼도 안 되는 나의 단견으로 시방 왈가왈부하고 있는 꼴이 한참 웃기고 있는지도 모르지만 어쩌자고 수십세기 동안 수억의 사람들은 이 요절을 그대로 용인하고 있었을까. 비록 아무리 내가 무식티를 내고 있대도 나는 이점을 끝까지 수용하지 않을 것이다. 한 때 '대개' 나라와 권세와 영광이…로 어지간히 시끄러운 적도 있었다. 그러나 '대개'는 아직도 건재하시다. 어쩌면 이 표현들이 번역상의 기교착오(?)일 수도 있겠다 생각해 보기도 하지만… 어렵다. 어려워. (웃음)

(주기도는 주님이 '너희는 이렇게 기도하라'고 친히 이르신 말씀이니 말이다.)

아, 참! 기왕에 주기도문 얘기니 문득 재미있는 산술 문제 하나로 분위기를 바꿔보기로 하자. 우리가 주로 하나님께 드리는 기도란 업어치나 메치나 그저 달라는 것뿐이다. 아무리 고상한 말로 다듬어도 결국 결론은 달라는 것이다. 그러나 나는 이것만은 탓하지 않겠다. 어차피 하나님께서 함께 하시지 않으면 모두가 무위일 테니 말이다.

주기도문의 우리의 요구는

    1. 우리의 큰 죄를 사하여 주옵시고

    2. 우리를 시험에 들게 마옵시고

    3. 악에서 구해 주십사는 것이다.

그러면 우리는 이렇게 보답하겠다고 약속한다.

    1.항상 기뻐하며

    2.범사에 감사하며

    3.쉬지 않고 기도할 것입니다.

(그리스도 예수 안에서 우리를 향하신 하나님의 뜻이라고 하셨겠다.)

나는 한참동안 어이없어 깔깔거렸다. 그래도 뒷맛이 과히 나쁘진 않았다.

믿음, 그 이름의 오해

크리스천: 그리스도를 본받으려는, 의에 주리고 목마른 자.

예수쟁이: 어떻게든 예수를 팔아 잇속을 챙기려는 얌삽이.

사전에도 없는 정의(定義)를 스스로 내려놓고 빙그레 웃는다. 아무래도 오늘은 누워서 침 뱉기로 작심한 모양인가.

신자의 행동 강령이라는 '기뻐하라', '기도하라', '감사하라'를 새삼 돌아본다. 이상하게도 이 세 가지는 하나가 되면 다 되고 하나가 안 되면 다 안 된다. 그러니까 이 중에 제 체질에 가장 쉬운 것부터 하면 다 잘되게 되어 있다는 것이 나의 특허품(?)이다. 물론 전제한 "항상" "쉬지 말고" "범사에"가 문제지만 그것은 어느 정도 의식적인 훈련이 필요할 것이다.

오늘은 흔히 우리가 입에 달고 사는 기도와 감사에 대해 자칫 자신도 모르게 범할 수도 있는 오류를 짚어보기로 한다.

하나. 초신자 때였다. 당시 구역장이 하던 말이 퍽 인상적으로 남아 있다. 우리더러 아무것도 모를 때 하나님께 염치 불고하고 떼를 써서라도 구하라고. 아기가 어릴 땐 부모는 내용을 불문하고 달래면서라도 들어주지 않더냐고. 나중에 철이 들면 그리하래도 안 하겠지만 그땐 하나님도 가려서 응답하실 테니 초신자 때 많이 구해서 응답을 쌓아두라나. 솔깃했지만 그러나 나는 웬지 그게 아닌 것 같았다. 초심기도가 응답을 쉬 부르리란 건 물론 지금도 찬동이다. 그러나 내가 확실하게 말할 수 있는 것은 누가복음 18장의 과부의 강청 사례를 지나치게 강조한 한국 교회의 현주소를 우리는 지금 목도하고 있다고. 그 구역장도 어디서 배운 게 분명했다. 나중에 철이 들면 그리 하래도 안 한다고? 그럼 늙어 꼬부라져도 기도의 패턴이 조금도 바뀌지 않는 저 많은 성도들은 어찌 설명할 것인가?

하나. 어떤 여자가 물에 빠져 허우적거리는 걸 어느 남자가 뛰어들어 건져냈다. 땅바닥에 내려놓자마자 여자는 두 손을 모으고 하나님께 감사기도를 드렸다. 아, 믿는 사람이었구나! 남자는 잠깐 기다렸으나 여자의 기도는 좀처럼 끝날 것 같지 않았다. 한참을 머뭇거린 남자는 문득 제가 지금 뭐 하고 있나 싶었다. 여자의 감사의 인사를 기다리고 있었구나 싶자 곧 치사한 생각이 들어 그대로 그 자리를 떠나고 말았다. 그 경황에, 하나님 살려주셔서 감사합니다 외에 무슨 사설이 그리 많기에, 그래 저를 목숨 걸고 구해준 사람이 누구인지도 모른 채 보내버리다니 그가 제대로 감사가 뭔지나 알고 있는 사람일까 싶잖다. (아 참! 그렇게 '쉬지 않고' 기도한 걸 보면 틀림없이 믿음은 엄청 좋네. 나중에 그 자리에 사람 찾는 플래카드 써 붙이면 되지 뭐.)

하나. 우리 교회에 뻰순이라는 별명이 붙은 활달하고 넉살 좋은 집사님이 있었다. 어느 권사님이 그녀를 많이 챙겼다. 그날도 뭔가를 가방에 쑤셔 넣어주고 있었다. 차라리 그냥 다소곳이 받기나 할 일이지, 그 집사 대뜸 한다는 소리. 제가 권사님 위해 얼마나 기도하는지 아시느냐며 마치 제가 기도 특허라도 받은 양 유세가 창창한 게 곁에서 듣기가 매우 거북했다. 집사가 권사한테 기도 생색이라니. 가만! 그러니까 뭐야. 그거로 퉁치자고? 꼭 뉘앙스가 그 쪼였다. 나는 반사적으로 이마에 주름살이 몰렸지만 아 참, 뻰순이…… 그래, 뻰순이지. 애써 스스로를 달래고 있었다.

하나. 우리 큰애는 대학 다닐 때 동생들에 비해 알바 같은 것도 안 해 빠듯한 용돈을 주로 친구들에게 삼겹살을 사주는 것으로 쓴다고 했다. 왜 하필 삼겹살이냐니까, 신학생들이라 먹는 게 부실해 영양을 위해서란다. 그런데 어느 날 친구가 밥을 샀다며 영 마뜩잖은 듯 씩씩거렸다. 글쎄, 장학금을 여러 군데서 받아 기분이라고 한턱 쏜 거라나. 우리는 거의 동시에 합창으로,

"그런 놈은 장학금 주면 안 돼!"

엄마에게 참고하라고 시작한 말이었지만 우리는 둘이 다 심기가 몹시 편치 못했다. 본래 장학금이란 꼭 공부해야 될 인재를 위해 그야말로 '장학'하는 뜻으로 주는 것이라야지 요즘은 너도나

도 어렵다는 이유로 구제금으로 나눠주는 식이 돼버렸다. 기부처도 많으니 어떻게든 재주껏 받을 수 있는 데까지 받아내려고 안달이다. 공짜니까. 어이가 없다. 언필칭 주의 종이 되겠다는 사람이 겹치기로 장학금 받아 기분이라고 한턱 쏴?

하나. 어느 댁에 심방을 갔다. 그녀는 나와 잘 아는 사이인데 예배를 청했기 때문이다. 그런대로 소리 없이 잘 산다 싶었는데 집을 비워줘야 할 때가 됐나 보다. 나는 하나님께 선히 인도해주십사 의례적인 예배를 드릴 수밖에 없었다. 그런데 나는 그날 기가 막혀 그만 나자빠질 뻔했다. 예배가 끝나고 여러 얘기 끝에 본론이 나왔다. 그녀는 지금 강남으로 이사 가게 해달라고 기도하고 있는 중이라 했다. 그녀는 강남의 어느 중소 교회에 출석하고 있었다. 그야 교회 가까이 살고 싶은 건 누구나의 바람이지 그게 뭐 잘못이랴만, 지금의 집세도 버거울 듯싶은데 그 비싼 강남으로? 물론 강남도 강남 나름이겠지만 그것이 목표라면 의당 예배 전에 기도 제목을 내놓고 방향을 잡아줬어야지. 그런데 문제의 핵심은 엉뚱한 데 있었다. 그녀는 교우들이 저를 몹시 아낀다고 했다. 강남은 부자 교인이 많으니까 하나님이 하시면 누군가 도와주는 건 일도 아니잖겠느냔 것이다. 뭐어? 허이구야…. 그래, 그럼 됐지 굳이 자기네 교인도 아니요 친구도 아닌 나를 불러 그 형식적인 예배가 왜 필요했는데?

하! 졸지에 나를 그 강남 부자 명단에 넣고 싶었던 모양이다. 정말이지 안 믿는 사람은 설사 당장 거리에 나앉더라도 그런 맹랑한 생각은 결코 하지 않는다.

　나는 한참을 그대로 뜨거운 얼굴을 두 손으로 감싸고 있었다.

　흔히 한국인의 기복 신앙은 전래의 미신이나 무속 문화의 영향이라고 몰아치는데 나는 꼭 그리 생각지 않는다. 어느 부분 기독교가 잘못 가르친 (아니면 잘못 받아들인) 책임이 작지 않다는 말이다. 같은 크리스천이라도 외국인들은 믿음이 지극히 자연스럽게 체질화되어 있다. 그런데 한국의 크리스천은 꼭 북 치고 장구 치는 요란한 필요에 의해서만 믿는 이가 된다. 내가 지금껏 한 가지 궁금하고 안타까운 것은, 한국 교회는 이벤트는 더없이 화려한데 어쩌자고 기독교 사상 교육은 그렇듯 한사코 외면하는지, 이런 토양에서 얍삽이, 뻔순이가 안 나온다면 오히려 그게 이상한 노릇 아닌가.

　가이사의 것은 가이사에게? 한국의 크리스천은 몫몫의 셈법을 잘 모른다. 무엇이든 그냥 두루뭉술하게 "하나님, 감사합니다" 한마디로 때우고 네 것도 내 것, 내 것도 내 것이니, 그래서 도처에 '은혜'가 넘친다. 세상이 온통 나만을 위해 존재한다. 하나님이 내 편이시니까?

　과연 언제쯤 이 땅에도 짐 베이커 목사처럼 "나는 그동안 주님의 뜻에 반대로만 가르쳐왔다"고 가슴 칠 구원투수가 등장할 것인가.

네 발에서 신을 벗으라

그야 사람마다 분복이 다르게 마련이지만 곁에서 보자니 참으로 너무도 부러운 사람이 있다. 무엇이 어째서라는 조건이 아니라 너무도 인복이 많은 것이다. 뭐니 뭐니 해도 사람이 인복이 많아야 복 있는 사람이라는 건 이론의 여지가 없는 것 같다.

내 친구 K 얘긴데 그는 어렸을 때부터 아버지는 이미 아무개라면 온 시민이 다 아는 출세자였고, 굳이 예거하자면 그 아버지는 연필, 공책은 물론 하다못해 친구의 머리핀 하나까지도 손수 사다 주셨다. 결혼을 하더니 그 남편이 딱 그 아버지 과(科)였다. 요즘 세월과 또 달라서 '그 시대'에 어찌나 부인을 공주처럼 떠받드는지, 어느 날 그의 절친이 제 남편에게 투정을 했다나. K의 남편 좀 보라고. 당장 그 남편의 입에서 튀어나온 소리.

"그게 어디 사내새끼냐. 쪼다지." (웃음)

이제 노년이 되니 말도 많고 탈도 많은 요즘 자식들 중에 또 어떻게 된 게 그 집 자식들은 영락없이 제 아빠 판박이다. 어디를 가도 항상 누가 모시고 다니니 만약 전철 환승역에 혼자 내려놓으면 아마 그는 금방 미아가 되고 말 것이다.

젊었을 때였다. 위경련이다 독감이다…… K는 걸핏하면 입원을 잘했다. 친구가 입원을 했다는 데야 친구들이 우르르 문병을 갔다. 그때 곁엣친구가 하던 말.

"난 K가 부럽다야. 허이구! 어떤 놈은 죽는다 해도 누가 병원 데려갈 생각이나 해줘야지. 시방 문병은 이쪽이 받아야겠구만….'

우리는 모두 동감이라고 깔깔댔다. K 친구네야 화급한 상황이었겠지만 곁에서 보는 우리 눈엔 조금도 긴장이 되지 않았다.

그 후 몇십 년 세월이 흘렀건만 가끔 나는 그때의 그 깔깔대던 자신의 쓸쓸한 심정을 곱씹을 때가 종종 있었고 그것은 그냥 우스갯소리가 아니었다. 더더욱 지금 어느덧 노년이 되어 혼자서 밥맛없는 밥상머리에서 한 시간을 그저 보내고 앉아 있어도 따끈한 물 한 모금이라도 마시라고 권하는 사람도 없으니 말이다. 누구나 K처럼은 아니라도 그 비슷하게라도 인복은 타고나야 하겠거늘….

나는 어렸을 때부터 가끔 꿈을 꾸면 신발 때문에 헤맸다. 학교 신발장에서 내 신발을 아무리 찾아도 없다거나 어떤 땐 내 발을 내려다보면 맨발이었다. 그런데 그런 꿈을 어쩌다 한번 꾼 게 아니라 가끔 그랬다. 어린 맘에도 참 재수 없는 꿈이라고 기분이 영

찜찜했다. 이상한 건 그 후 장성해서도 비슷한 꿈을 가끔 꾼 것이다. 물론 지금껏 뭐든 하나에서 열까지 내가 손수 챙기지 않으면 안 될 일들이 많았지만 분석이 주특기인 내게도 잘 안 풀리는 난제였다. 비록 그동안 나 스스로 근검절약하고 살아왔다지만 그렇다고 그다지 가파롭게 산 것도 아니요 욕심나는 신발 때문에 포원질 일도 없었는데, 정말 알다가도 모를 노릇이었다. 그런데….

"네 발에서 신을 벗으라"는 성구를 모르는 크리스천이 몇이나 되랴만 내가 처음 성경에서 이 요절을 발견한 젊은 날, 나는 그만 가슴에 폭탄을 맞았다. 하나님께서 모세에게 출애굽 소명을 하실 때 호렙산에서 하신 말씀이다(출 3:5). 여리고성 함락 직전 여호수아에게도 똑같은 말을 하셨다(수 5:15). 이유는 그들이 밟고 선 곳이 너무도 '거룩한 땅'이기 때문이란 것이다. 갈 데 안 갈 데 다 다닌 더러운 신발을 마땅히 벗어야 할 것이다. 나 같은 게 감히 모세와 여호수아와 무슨 상관일까만 어쩌자고 내가 그때 그렇듯 신이 났었는지!! 그야 물론 어디까지나 아전인수로 꿰맞춘 자위적 산물이지만, 지금 와서 돌아보면 내가 교역자도 아니면서 이름도 없이 빛도 없이 참 어지간히도 나댔구나 싶기도 하다. 하나님께서 어여삐 봐주셨기를 빌 따름이다.

자, 그럼 또 좀 다른 각도에서 발 벗는 얘기를 하나 해야겠다.

흔히 사람들은 누군가 그 일에 각별히 심혈을 기울여 주최하거나 또는 동참할 때 "발 벗고 나선다"고 말한다. 나는 그 말을 곰곰이 음미해본다. 왜 '발을 벗었다'고 할까. 열심히 '뛴다'를 의미할

진대 뛰려면 걸리적거리는 신발을 벗어야 해서일까.

물론 '맨발로 뛰어라'고도 하지만 맨발로 뛰는 것보단 꼭 맞는 신발을 잘 매고 뛰는 것이 더 편하고 안전한 게 현실적이다. 역시 나는 또 내 식으로 정의해본다. 여기서 '발을 벗는다'는 것은 그냥 '많이' '잘' 달리기 위해서가 아니요 오히려 자신을 돌보지 않고 뭔가 '공익' 또는 '타익'을 위한 '봉사'로서의 구별된 용어라고 …. 이리되면 앞의 신발을 벗는 것과 상통해진다. 사람은 남의 일에 발 벗고 나서면 주위에서 많이 동조한다. 그런데 제 일에 아무리 발 벗고 나서봐야 결국 저 혼자 해낼 뿐이다. 이것이 발 벗고 나서는 의미의 정확한 결과가 아닐는지.

나는 나의 단점 중에서 가장 겸허하게 인정하는 것이 자신이 몹시 게으르다는 점이다. 정말이지 내가 게으른 건 어디 내놔도 둘째가라면 서러울 것이다. 나는 하루 24시간을 그 자리에 그대로 앉아 있어도 전혀 불편을 모르는 사람이다. 그래서 나에게 가장 두려운 성구가 "악하고 게으른 종"이다. 유난히도 하나님께서 싫어하시는 말씀이라서 난감하기 그지없다. 그런데 또 하나 알 수 없는 것은 어찌나 오지랖이 넓은지 남의 일엔 별로 그렇지 않다는 것이다. 친구들은 무슨 일이 생기면 내게 보고(?)하는 것으로 마치 제 일을 다 한 양 편하다. 나는 성격상 차라리 안 하고 말지, 제 일을 누구에게 부탁해서 잘 처리하는 일은 영 서툴다. 그런데 웃기는 것은 "내 일 내가 들어 되는 일 없고 남의 일 내가 들어 안 되는 일 없다"를 마치 명언처럼 술술 외우고 있다는 것이다. 그 별난

짓거리의 동인(動因)이 뭔지 해부해보니 "신발을 벗으라"는 음성에 연결돼 있었다(감히). 내 책 1권의 제목대로 이것이 어쩌면《나의 생긴 대로》일는지 모르겠다. 사람은 좋든 싫든 제가 원하든 원치 않든 저 생긴 대로 사는 수밖에.

나는 지금 꿈에 신발이 없어도 결코 재수 없어 하지 않는 스스로에게 축복을 보내고 싶다.

아버지의 뜻대로

본래 '사람'이란, 개체로 볼 땐 개, 돼지, 소…처럼 생물학적인 분류에 불과하다. 그런데 비로소 사람이 가치를 지니게 되는데 그것은 개체가 누구, 무엇과 어떤 관계를 맺음으로써다. 그래서 등장한 가장 합당한 지칭이 '人間'이다. 다시 말해 사람은 개체가 생명이 아니라 사이[間], 곧 관계가 생명이란 말이다. 또 생명은 창조자가 주관하시매 관계 또한 당연히 그렇다는 것이 나의 지론이다.

우리(기독교) 식 표현으로 창조자 하나님은 사람에게 사람을 붙이실 때 반드시 뜻이 계시며, 그래서 사람이 관계에 충실할 때만 그분은 우리로 기뻐하신다. 다시 말해 피차 합력하여 선을 이루도록 붙이셨다는 말이다.

지내놓고 보면 하나님은 작가요 연출자요 우리는 한낱 충실한 연기자였을 뿐이란 사실 앞에 당황할 때가 있다. 모든 것이 내 뜻 내 계획만이 아니었다니 말이다.

읍내도 한 번 나가본 적이 없는 열다섯 살 시골뜨기가 난생처음으로 도시라는 데로 유학을 나갔다. 청운의 뜻을 품었건 아니건 바야흐로 새 역사가 시작된 것이다. 잘 알지도 못한 먼 친척 집에 나 혼자 떨어뜨려놓고 아버지는 집으로 돌아가셨고, 조금은 완벽주의자인 소심한 나는 어찌할 바를 모르고 절절맸다. 갑자기 의지가지없으니 정이 그리웠다. 어느 누가 내게 눈길을 주랴.

마침 그때 한 소녀가 눈에 들어왔다. 그는 노래를 썩 잘했고 예쁘고 공부도 잘했다. 그래, 적자생존이다! 나는 그에게로 다가갔고 당시 나는 시간 중에 혼자 잘 떠드는 촌뜨기 명물이었다. 차차 친구들이 내 주위로 몰렸다.

오늘의 나를 이만큼이라도 받쳐주는 것은 전혀 친구들 덕분이었다고 나는 입버릇처럼 말한다. 참으로 나는 좋은 친구들을 가진 복인이다. 좀 건방진 표현을 빌리자면 내가 한 가지 자부하는 것이 있는데, 내가 사람을 볼 줄 안다는 것이다. 곧 내가 친구를 잘 선택했다는 말이 된다. 그런데 딱 한 사람, 실패한 케이스가 지금 말하려는 바로 그 친구다. 그는 맨 처음 만나서 맨 끝까지 친했지만 평소 나의 지론인 섭리론으로 볼 때 우리는 피차 친구로서 전혀 친구 노릇을 하지 못한 사이였다. 다시 말하면 우리는 피차의 세계에 전혀 아무런 영향도 미치지 못한 관계였다. 우리는 서로가 너무 이질적인 사람들이란 게 보다 정직한 표현이리라. 그의 눈에 비친 나는 꼭 꿈꾸는 4차원의 사람(그의 표현) 같았고 내 눈에 그는 지나치게 땅의 것에 연연하는 한심이었다. 그러니 그의 친구 명단엔 내가 없었고 내 친구 명단엔 그가 없었다.

그는 두 번이나 큰 수술을 받았으나 그런대로 잘 살았고 오랫동안 외국에 체류했다.

그런데 드디어 실로 어리둥절한 사태가 벌어진 것이다. 그동안 내가 두 권의 책을 냈으나 그는 여전히 시큰둥했다. 세 번째 책을 그에게 보내면서도 나는 별로 기대하지 않았다. 사람이 변한다는 게 어디 그리 쉬운 노릇인가. 나는 그에게 책을 보내면서 엄중한 지시 사항을 덧붙였다. 소설처럼 줄줄이 읽지 말고 반드시 짬짬이 한두 쪽씩만 읽을 것….

책을 보내자마자 바로 카톡이 날아왔다. 내 책이 지금껏 제가 읽었던 에세이류와 사뭇 다른 것 같다며 놀라는 기색이었다. 맞아! 건 그냥 에세이가 아니니까. 얘기는 다 읽고 하자며 나는 다음을 잘랐다.

며칠 후, 또 전화가 왔다.

"얘! 네 책……."

그는 말을 잘 잇지 못했다. 자세한 속내는 모르지만 어쨌든 그에게 변화가 일어나고 있는 것은 분명했다.

"다 읽고 얘기하자니까. 아니, 아무 얘기 안 해도 돼요. 난 다만 마지막 책장을 덮는 순간의 네 표정이 궁금할 뿐야."

한참을 잠잠했다. 분명 다 읽었을 시간이 됐는데도 종무소식이었다. 내가 카톡을 보냈다.

"아직도 다 못 읽었나? 거 너무 뜸 들이다 다 타겠다."

곧 전화가 왔다.

"실은 다 읽었는데……."

"읽었는데…?"

지금껏 내가 보아온 그가 전혀 아니었다. 꼭 선생님 앞에 무릎 꿇은 학생 같았다. 그는 내게 무조건 많이 미안하다고 사과만 했다. 무슨 소리, 몸도 안 좋은데 오히려 내가 무심했다고 덩달아 나도 사과했다. 우리는 금세 어린 시절로 돌아갔다. 그는 내 책에 밑줄 쳐가면서 잘 모르는 건 두 번 세 번 읽었노라 했다. 그야 그가 성경 지식이 얕으므로 난해한 대목도 없잖았을 터. 바로 그 점이다. 사실 내 글은 좀 익살스럽고 일상적인 평이한 구어체지만 그렇다고 막상 그리 쉬운 글은 아니다. 글이란, 무엇을 '말하고' 있느냐는 정황이 아니라 무엇을 '말하려'고 정황을 동원(인용)하는지 그 작의(作意)를 캐치 해야 비로소 온전히 그 글을 이해했다고 할 수 있을 것이다. 시방 그의 말도 당연히 단어나 문장을 몰라서 하는 말이 아님은 물론이다. 그는 학교 때도 공부를 아주 잘했고 명문대 영문학과 출신이다. 또 설사 아흔아홉 사람이 모르겠다 할지라도 평소 그의 성격상 그리 편하게 손들 사람이 아니다. 그런 그가 터놓고 "잘 모르겠어서" 두 번 세 번 읽었다니, 예뻐라!…… 그것이 바로 천지가 개벽할 일이요 기적은 이미 그곳에 일어나고 있었다.

"좋았어. 두 번 읽을 필요가 없는 책은 한 번 읽을 가치도 없다. 이건 내 말이 아니라 법정의 말이야. 하하….."

나는 기분이 좋아 넉살을 떨었다. 고맙게도 그는 내 책에 심취했고, 그러니까 그동안 나를 몰라봐서 미안했다는 것이다. 나는 어머니, 아버지 고생시킨 등록금 값 이제야 하나 보다고 이죽거렸다.

그리고 몇 달 후 그는 치료차 귀국했다. 지병이 재발한 것이다. 나는 그사이 그의 의식 세계를 변화시키고자 갖은 애를 썼다. 그것이 우리가 갈망하는 의학적 기적을 볼 수 있는 첩경이라고 믿었기 때문이다. 그는 선생님(?) 말씀대로 잘 따라주었다. 그는 제가 잘못 산 것 같다며 몹시 아쉬워했다. 나는 그에게 잘못 산 게 아니라 백번 잘 살았으나 추구하는 의식의 방향만 쬐끔 틀어주면 된다고 날마다 짖어댔다. 알 만한 유명인들의 기적 사건을 시리즈로 읊었다. 그는 나의 애씀을 고마워했고 변해가는 자신을 기대했다. 내가 그동안 기도원 생활도 해봤고 오랜 세월 많은 예배를 인도했던 이력이 친구에게 조금은 위로가 되고 있구나, 그리도 감사했다. 그의 삶의 초점이 이미 보다 높고 거룩한 데로 옮겨지고 있었기 때문이다.

그는 의학적으로 아직 조금은 남았을 것 같았으나 갑자기 하룻밤 새 홀연히 본향으로 돌아가고 말았다. 그가 떠난 후 나는 친구가 그 하나뿐이었던 듯 한동안 패닉 상태에 빠졌다. 그가 잘못된 게 마치 내 정성이 부족했던 탓인 양 가슴이 아프고 또 아팠다.

애써 이 이야기의 아귀를 맞추자면, 우리는 흔히 내 뜻대로 마옵시고 아버지의 뜻대로 하십사는 주님의 기도를 즐겨 따라 외운다. 그러나 우리가 따로 수고하지 않아도 아버지는 아버지의 뜻대로 행하고 계신다는 것이다. 하나님은 이미 65년 전에 오늘을 예비하셨고 그 오랜 세월 동안 그에 대한 나의 우정을 붙들고 계셨다. 한 치의 오차도 없이 그분의 뜻은 이루어지고 있었다.

에스더가 페르시아 왕비가 되고 히브리 백성들이 막다른 궁지에 처했을 때, 주위에서 에스더에게 네가 왕비가 됨이 이때를 위함이 아니었겠느냐며 왕께 나아가 히브리인을 구명하라고 촉구했을 때, 에스더는 그 유명한 "죽으면 죽으리이다"라는 각오로 왕에게 나아갔고 히브리 백성들은 살아났다. 나는 문득, 하나님께서 우리를 붙이심이 정녕 이때를 위함이 아니었겠느냐는 희망으로 하나님께 매달렸다. 부디 기적을 보여주십사고…. 나는 하나님께서 나로 한때 기적의 주인공들과 기도원에서 살게 하셨던 참뜻을 기필코 나타내 보여주시리라 기대하며 스스로 행복해하기도 했다. 그러나…… 나는 이제 여기까지만이라도 한없이 감사하고 또 감사할 따름이다.

유명한 고사가 생각난다. 우리는 흔히 좋은 우정의 상징으로 백아와 종자기의 관계를 예거한다. 당대의 거문고의 명인 백아의 절친 종자기는 친구의 거문고 소리를 그리 좋아했다. 그런데 갑자기 종자기가 죽자 백아는 제 거문고 줄을 칼로 끊어버렸다. 이제 자기의 거문고 소리를 알아줄 사람은 이 세상에 없다고. 이 백아절현에 대입하면 나는 절필을 해야 마땅하다. 그러나 나는 오히려 더욱 새 힘을 받는다. 그가 나의 다음 책을 너무도 기대했기 때문이다. 나는 글을 쓰면서 이 대목은 그가 좋아하겠다 싶으면 저절로 힘이 솟는다. 그는 이 세상 그 누구보다 내게 절대적인 영향을 미치는 사람이 된 것이다.

그가 목숨이 경각일 때 중환자실에서 내게 보낸 마지막 카톡.

"자네야말로 나에게 주어진 하나님의 선물일세."

도대체 그 경황에 무엇을 말하고 싶었을까? 틀림없이 그 시간에 밖에서 기도하고 있을 나를 주께서 기뻐 받아주시길 간원하는 열망에서였을까? 끝내 이 숙제는 나로 하여금 그로부터 한 발자국도 옴짝 못 하게 하는 올무가 되어버렸다.

나는, 결코 그를 내 맘에서 보내지 않겠노라 빈소에도 영결식에도 가지 않았다. 언제라도 나의 다음 책이 나오면 그때나 그의 묘소에 찾아갈 요량이다. 그것을 그가 학수고대하고 있을 테니까.

그는 지금 내가 선취한 성경 요절의 묘비문 아래 고이 잠들어 있고 매일같이 내게 저 깊은 산 속 옹달샘처럼 해맑은 그리움을 퍼 올리고 있다. 비록 그의 몸은 곁에 없어도 나는 천군만마를 얻은 장수 같다. 성령의 인도하심이 아니라면 어찌 이런 일이 가능하겠는가.

이제 젊은 날의 나의 멘토 유지나 프라이스의 말로 그만 마무리

해야 할까 보다.

그리스도께서는 변화시키신다.

당신의 성품을

당신의 의식 세계를

당신의 삶에, 죽음에, 직면하는 방법을….

흑(黑)과 백(白)

사람이 나름대로 잘나지 않은 사람이 없고 스스로 양심적이지 않은 사람이 없다. 그야 누구나 혼자 있으면 일등이요 안방 이불 속에서 정직하지 않은 사람이 누구리오만, 더더욱 이 땅의 교회 중직자치고 제가 잘못 믿고 있다는 사람은 아직 보질 못했다. 그러니까 교회는 세상에서 가장 잘나고 정직하고 훌륭한 사람들만 모인 곳인 셈인가.

그래선지 누가 자신의 신앙 행로에 귀감이 될 만한 사람을 천거하란다면, 정말이지 하나같이 어쩌나 대단들 해서 막상 누굴 고르기가 좀 어리바리할 지경이다.

딴죽 그만 걸고.

오죽하면 그날에 참 믿는 자를 보겠느냐고 예수님께서 탄식하셨을꼬! 그러나 나는 지금 마치 물동이를 버려둔 채 마을로 달려가 메시아를 만났노라 외치던 수가 성 여인처럼 진정 믿는 이를 보았노라고 외치고 싶은 심정이다. 가뜩이나 요즘 교계 어르신들의 못된 짓 콩쿠르라도 벌어진 듯한 와중에, 이러고도 교회는 꼭 다녀야 하는 거냐고 울상이 된 교인들이 차마 안쓰러워서 나는 근래에 보기 드문 감동이 있어, 나로 살맛 나게 해준 한 고마운 여인을 여기 소개하고자 한다.

사건은 거슬러 올라간다. 그러니까 1999년 7월 4일, 미국 독립기념일이었다. 그날은 마침 주일날이었다. 한 미치광이 유색인종 혐오자로 하여 꽃다운 동양인 학생 하나가 괴한의 흉탄에 희생되고 말았다.

나는 뉴스로 대충 그 정도만 귓등으로 스쳤을 뿐 그냥 건성으로 지나쳤다. 그런데 바로 그 학생이 한국의, 바로 내 주위의, 그것도 나와 아주 가까운 분의 자제인 줄은 까맣게 모르고 있었다.

해가 바뀐 한참 후에 어느 모임에서 한 선배가 내게 이렇게 말했다.

"거 왜 이 권사 좀 모셔다가 간증 한번 들어보지 그래."

나는 깜짝 놀랐다. 어쩌다 요즘 서로 적조했지만 그사이에 그런 엄청난 일이 있었을 줄은 정말 몰랐었다.

나는 송구해 어쩔 줄 모르는 중에도 어쨌든 그 선배를 우리 선교회에 모시기로 했다.

그런데 그날, 나는 그녀가 당한 슬픔보다 솔직히 예배를 인도하고 있는 그녀의 그 조용하고 의연한 태도에 멍-해 있었다. 아무리 목사님 여식에 장로 부인이라는 좀 특수한 신분을 십분 감안한다 치더라도 그녀의 분위기는 한마디로 처음부터 나를 주눅(?) 들게 하고 있었던 것이다. 누가복음 8장 39절을 본문으로 꼭 남의 얘기 하듯 담담하게 전하고 있는 모습은 확실히 지금껏 내가 보아온 그 어떤 간증자와도 달랐다. 흔히 '간증'이 빠지기 쉬운 함정인 과장 스런 엄살, 자기 자랑, 생색내기 등의 오버가 전혀 없었다.

인디애나주립대 박사 과정 외아들의 장례식 기간(약 열흘간)에 있었던 여러 일들을 그녀는 소상히 들려주었다. 백악관 진영까지 참예한 거창한 장례 의식은 차치하고라도 아들의 사고 후, 주(州) 안팎으로 크고 작은 변화가 많았다. 교내에선 아들의 기념식수, 아들 명의의 장학회 설립, 유색인종 특대 정책, 밖에선 유색인종 단합 대책, 심지어 무슨 증오 범죄 방지법이라는 별난 법까지 새 로 제정됐다니 사건의 파장을 알 만했다.

(본래 미국이란 나라가 다인종 혼합국이다 보니 그동안 인종 차별 분쟁 으로 끔찍한 사건이 다반사였지만 유독 이 사건은, 아니 그 후 몇 번의 추 모 행사를 거치면서 더욱, 교포 사회는 물론 많은 미국인들에게 새로운 이 슈를 더하고 있다.)

그러나 그것들은 다만 다음 말을 하기 위한 정황 설명일 뿐이다.

나를 까무러칠 뻔하게 한 그녀의 간증을 요약하면,

첫째, 그녀는 자기 아들이 가장 깨끗할 때(26세) 그것도 마침하 고 주일날 교회 가다가 바로 교회 앞에서 당했다는 데 감사했다고 했다. (기왕에 당한 것, 아마 대부분의 크리스천이라면 이쯤은 말할 수 있을 것이다.)

둘째, 아들이, 아들로 인해 실로 큰일을 했구나 생각하며 설사 아들이 살아서 앞으로 실제 제아무리 큰일을 한다고 한들 어떻게 그리 많이 또 그렇듯 하나님께 큰 영광을 돌릴 수 있으랴 싶어 감사했다고 했다. 어차피 한 번 왔다 가는 인생인데 좀 빠르고 늦고가 뭐 그리 대수겠느냐고. (이것도 지혜로운 믿음의 사람이라면 할 수 있는 말이겠다.)

셋째, (나는 듣다못해 모두들 임의로운 자리라 불쑥 끼어들었다.)

"아아니, 어떻게 그렇게 남의 얘기처럼 말한대?"

그랬더니 그녀는 또 싱겁게 동문서답을 했다.

"글쎄, 거기 사람들도 그런가 봐."

이유도 모를 "고맙다"는 소리를 많이 들었단다. (아무렴, 그곳 사람들도 우리나라 특유의 정서를 결코 모르지 않았다. 성수대교나 삼풍백화점 붕괴, 이산가족 상봉 등 재난이나 특히 억울한 변을 당했을 때 유난히 그 '아이고 다리' 패는 것 말이다. 그런데 그녀 가족의 너무도 의연함이 정녕 그들에게 큰 감동을 주었으리라.)

그녀는 문득 정말 만약 대책 없는 다른 사람들이었으면 어쨌겠나 싶은 우려가 스치더라나. (걱정도 팔잘세.)

그녀는 말했다. 그래도 얼마만큼 담담할 수 있는 자기넬 택해서 하나님 뜻을 이루셨음에 감사했다고….

오 주여! 나는 그 대목에서 갑자기 숨이 멎어버리는 것 같았다.

'이런이라니, 이런이라니!……'

나는 신음하듯 끙끙거리며 쥐구멍이라도 찾고 싶었다. 실상이야 어쨌거나 명색이 나도 권사였다. 그런데… (하긴 나 아닌 그 어떤 목사라도, 장로라도, 직접 당사자로 그 누군들 가식 없이 그녀처럼 그렇게 말할 수 있는 사람이 과연 몇이나 되겠는가만.)

갑자기 천지가 개벽이라도 한 것 같았다. 나는 사회자로서 다음 순서를 잇지 못하고 절절매고 있었다. (참으로 민망한 시추에이션-)

그러나 나는 이내 내 가슴이 야릇한 흥분으로 촉촉이 젖어 있는 것을 느꼈다. 참 믿는 이를 만난다는 것은 확실히 사람으로 살맛 나게 하는 일임에 틀림없었다. 물론 그동안 수없는 간증을 들었고 읽었다. 그러나 그녀는 내게 그대로 베드로의 닭이었다.

나는 가끔 말씀을 전한답시고 하다가도 문득 그녀의 모습을 떠올리면 금세 주눅이 들어 시들해져버린다. 가차 없이 나를 후려치는 소리 때문이다.

'흥, 가증스러운 것!…'

후우-

아무래도 내가 숨통을 트고 살기 위해선 얼른 다른 한 분의 권사님을 소개해야 할까 보다.

그녀는 빼어난 미모에, 모태 신앙에, 회장 장로님 부인에, 시쳇말로 두루 빵빵한 여인이다. 그런데 사람들은 때로 왜 그런 사람들 때문에 멀쩡한 밥맛이 떨어져야 하는지 모른다. 벌써 10년이 훌쩍 넘은 얘기지만 오늘도 비슷한 일은 날마다 일어나고 있다.

어느 날 여러 사람이 두리두리 모여서 한참 신나는 이야기꽃을 피우고 있었다. 기웃해보니 그 권사님이 유럽 여행 중에 이태리에서 2천만 원짜리 밍크코트 하나를 샀는데, 공항에 들어올 때 무서워서 부러 허술한 보따리를 만들어 이 사람 저 사람 짐 속에 쑤셔 넣던 무용담이었다. 그런데 얼씨구! 하다하다 나중엔 하도 간이 쫄아서 기도를 했더니 야- 무사통과했잖겠느냐는 간증까지 곁들였다. 제가 권사라고 그 대목은 마치 대단한 신앙 교육인 양 아주 자신 있게 큰 소리로 떠드는 것이었다. 어이가 없었다.

곁에서 조용히 듣고 있던 어느 얌전한 집사님이 속엣말로 중얼거렸다.

"웃겨! 그것이 권사가 할 말이여?"

가뜩이나 민망하던 나는 그만 얼굴이 화끈해서 얼른 그 자리를 피하고 말았다.

그래, 그것이 뭐 어떠냐고 말할 사람도 있을 것이다. 그러나 나는 그 권사가 얼마나 큰 실수를 했는지 여기 꼭 짚어봐야겠다. 아니, 그것은 그냥 실수 정도가 아니라 그녀는 한꺼번에 너무 많은 잘못을 저지른 것이다.

자, 보자.

첫째, 아무리 제 것 가지고 저 하는 데야… 하겠지만, 그러나 남편이나 자식들이 무슨 기념으로 선물한 것도 아니요, 제가 저 입자고 그것도 여행 중에 기천만 원짜리 옷을 손수 사고 있는 그 발상 자체는 분명 문제가 아닐 수 없다. 무엇보다 그녀는 권사로서 교회의 큰손이 전혀 아니었으니까.

둘째, 누가 뭐래나? 사고 싶어 샀으면 당당하게 들여올 일이지 흥! 그게 아니지. 세금이나 벌금은 힘없는 바보들이나 당하는 거라는 특권 의식이 문제인 것이다.

셋째, 맙소사! 무엇보다 그럴 때 하는 게 기도라고 말하고 있는 한심한 신앙관을 어찌하랴!

넷째, 자신의 기도는 그렇듯 잘도 응답된다는 오만-.

지금 복 받은 자의 유세를 떨고 있는 게 아닌가. 아마 아까 그 집사님을 비롯해 여러 곁엣 사람들은 당장 하나님께 항변하고 싶었을 것이다. 그런 때 공의의 하나님은 마땅히 그녀를 망신시키고 벌금을 콱 물렸어야 하는 거 아니냐고.

자, 이상은 아무리 속이 끓어도 그렇거나 말거나 다 개인 문제라치고 그냥 넘어가기로 하자. 그러나 여기 도저히 간과할 수 없는, 해서는 안 될 다섯 번째의 잘못, 진짜 문제가 있다.

그것은 곧 덕이 되지 못한 짓을 일반 성도들 앞에서 떠들었다는 것이다. 목사가 사창가에 다니건 말건, 장로가 열두 번 사기를 치건 말건, 그것을 성도들이 절대로 모르게 해야 한다는 것이 나의 지론이다. 바리새인처럼 하라는 게 아니다. 위선자가 되라는 게 아니다. 다만 그것은 우선 지도자의 최소한의 예의라는 말이다.

만약에 네가 누군가에게 그것이 악이라고 가르쳤는데도 그가 악을 행하면 그것은 어디까지나 그의 책임이지만 네가 가르치지 않아서 그리되었다면 그 핏값을 네 손에서 찾으리라고 성경에 분명히 말씀하셨다(겔3:18). 가령 믿음이 약해서 선악을 분별 못하는 자가 내 하는 것을 보고 악에 담대했다면 그건 순 내 책임이 된다.

우리는 동서남북 구분도 못하면서 무조건 내 뒤통수만 보고 따라오는 후진들이 있다는 것을 한시도 잊어선 안 된다. 그것이 바로 지도자의 책임이기 때문이다.

나는 스스로에게 한 가지 다짐하는 것이 있다. 제 잘못으로 제가 받는 거야 마땅한 보응이겠지만 공연히 앞줄에 서서 남을 실족게 하는 책임까지 보태진 말자고.

자, 더 이상 새삼스런 칭송도 구구한 힐난도 그만두자. 누가 무엇을 어떻게 잘했으며 누가 무엇을 얼마나 잘못했는지는 지금 두 권사가 서로 상대를 너무도 잘 비춰주고 있음에야.

내 몫에 태인 대로

실로 오랜만에 버스를 탔나 보다.

전엔 입출문이 층계로 되어 있어서 많이 불편했던 것 같은데 아주 편안했다. (이 문명 시대에 어쩌자고 그걸 이제야 알았담.)

나는 마치 죄인처럼 이유도 모르게 절절매며,

"죄송합니다. 요금이 얼마죠?"

"1,300원입니다."

"아, 네……."

1,000원짜리 하나를 투입구에 넣고 보니 마침 500원짜리 동전 하나가 있었다. 얼른 500원을 넣고 돌아섰다. 요금이 얼마인지도 모르는 사람이 잔돈을 어떻게 받는지를 알 턱이 없지. 부러 잽싸게 자리에 앉으니 후우– 이제야 좀 맘이 놓인다. 속으로 '간첩인 줄 알겠다' 생각하니, 피식 웃음이 샌다. 자신이 직접 운전하고 다

니는 주제도 못 되면서 여지껏 버스 요금이 얼마인지도 모르다니 공연히 민망해서 정신이 번쩍 들었다.

"하나님, 감사합니다. 감사합니다……."

흔히 습관처럼 내뱉는 감사가 결코 아니었다. 진정 저 뼛속 깊이서 터져 나온 감사였다.

나는 그동안 웬만한 거리는 택시로 잘 다녔다.

언젠가 택시 기사와 주고받던 농담.

"난 평생 돈 벌어서 기사 양반하고 나눠 먹고 살았네."

센스 있는 어떤 아저씨, 이렇게 맞받았다.

"잘하셨습니다. 명차 굴리고 사는 사람도 많은데 얼마나 산다고 그리 지지궁상을 떨어요. 지혜롭게 잘 사셨습니다."

"호오- 그래요? 난 왠지 늘 미안했는데…. 젊어서부터 그랬거든요. 몸이 약하다는 핑계치곤 오래도 살았네요."

물론 당연히 택시만 타는 게 아니요 나중엔 전철을 많이 탔지만, 그래도 버스 요금을 모를 만큼 걸핏하면 쉽게 택시를 탔고 보면 당연히 하나님께 감사를 드릴밖에.

그런데 내가 얼마나 웃기는 사람인지 심심풀이로 여기 너스레를 떨기로 한다.

젊었을 때 대부분의 친구들은 택시비가 아깝다고 꼭 버스를 타고 그 돈으로 시장 봐다 애들과 맛있는 거 해 먹는다고 했다. 어느 모로나 만 번 그게 정상이었다. 그러나 나는 그대로 택시 타고 들어가서 그냥 굶고 자는 쪽이었다. 당시엔 전철이 구석구석 들어가 있지도 않았지만, 글쎄 어쩌자고 내가 그리 버스를 거북해했는지 모른다. 그런 체질 탓인지 지금도 형편에 비해 좀 헤퍼 보이는 모양이다. 아무리 남은 배곯아 죽어도 배 터져 죽었다고 여기는 것 같아서 말이다.

자, 그런데 여기 울다가도 웃을 요절복통할 사연을 보시라.

나는 거리를 따지지 않고 일단 무조건 택시를 탄다. 누구나 본래 택시를 탈 땐 집까지 편히 가자는 의도가 아니겠는가. 나는 몇만 원이고 계산 없이 탔고 잘 왔다. 문득 집 가까이 왔는데 눈앞의 미터기를 보니 만 원 목이 찬다. 나는 공연히 깜짝 놀라 당황한다. 2만 원 3만 원도 전혀 아까움 없이 탔으면서 다시 또 만 원을 헐어야 한다고 생각하니 이건 아니다! 황급히

"내려주세요!"

갑자기 이제부터의 100원, 1,000원은 억만금처럼 대단한 것이다. 나는 집 가까이서 걸어 들어간 적이 한두 번이 아니다. 대관절 누가 이 어처구니없는 말도 안 된 셈법을 이해한다는 말인가. 문제는 이렇듯 큰돈은 펑펑 잘 던지면서 작은 돈은 움켜쥐는 나의 체질을 나 자신도 알 수 없다는 사실이다.

언젠가 친정어머니께서 다니러 오셨을 때였다. 자못 진지하게 내게 타이르듯 말씀하셨다.

"내 보니, 네가 돈을 젤 못 쓴다. 형제들 그만 생각해라."

"엉? 언제 내가 뭘 얼마나 생각했다고……."

"네 언닌 장에 가면 지 옷도 잘 사 입고 하던디, 넌 널 위해 100원

도 안 쓰구만."

"하…… 난 또……."

나는 옷장 문을 열어젖혔다.

"이것들 얼마짜린 줄 알아? 언닌 장에 가서 몇만 원짜리 눈에 든 거 있었나 보네 뭐. 그러지 마. 내가 더 낫거든."

흔히들 곁에서 하는 말이지만 나는 형제에게 후한 편이다. 오랜 세월, 난 지금도 언니에게 매월 용돈을 보내고 있다. 달랑 나 하나 있는데 당연하지 뭐.

형제들이 잘하고 지내는 걸 보는 부모의 마음이야 오죽이나 흐뭇하랴. 그러나 내가 자신에겐 지나치게 짠순이인 게 엄마로서 짠한 것이다. 맞다. 밖으로 던지는(?) 것에 비해 나 자신에겐 어지간히 짠 편이다. 알다가도 모를 것은 글쎄, 그 짠순이가 어쩌자고 밖으로 내보내는 건 아무리 큰돈이라도 그다지 무덤덤하느냔 것이다. 나 스스로도 난해해서 누구와 상담이라도 해볼까 싶은 적도 있었다.

나는 결국 또 여기 판에 박은 내 십팔번 지론을 꺼내야 할 모양이다.

사람은 좋든 싫든, 이해가 되든 안 되든, 그냥 저 생긴 대로 사는 수밖에 없다는 것이다. 그것은 한평생 나를 받치고 있는 신념이요 신앙이 되었다. 그러니까 누구나 꼭이 제가 좋아서, 원해서, 제 계획대로 살아지는 건 아니란 말이다. 바꾸어 말하면 바로 그것은 내 인생의 연출자가 따로 있기, 아니 계시기 때문이다.

아차! 얘기가 점점 딱딱해지니 좀 재미있는 얘기로 바꿔보자.

나는 집 앞 공원 도서관에 날마다 출근한다. 전에도 더러 와봤지만 유난한 올여름 폭염엔 딱 안성맞춤이다. 세상에… 이런 천국을 두고 그동안 뭐 그리 고생이었담.

도서관을 드나드는 사람들은 거의가 학생이거나 취업 준비생인 듯했으나 이상하게 나이 많은 아저씨나 할아버지뻘도 더러 있었다.

드디어 어느 날 역사가 벌어졌다. 옆자리 어느 아저씨가 고개를 기웃하며 조그만 소리로,

"할머닌 뭘 하세요?"

"아, 네… 워낙 어렸을 때부터 공부를 못해서요. 늦게라도 좀 배워볼까 하구…."

싱긋 웃으며 나도 속삭이듯 말했다.

"아… 뭘? …-"

"우리 애들이 매일 지정해주는 대로 숙제해요."

"숙제요? 어떤 걸요?"

혹시 한문? 아니면 일어? … 하고 더듬는 속내가 보이는 듯했다. 젠장! 끝 간 데 없이 궁금하기도 해라……. 그런데 어휴- 나도 모르게 그만 내 입에서 뚱딴지같은 말이 불쑥 튀어나온 것이다.

"사람은 과연 어떤 일을 얼마만큼, 언제까지 해야 하나… 뭐, 그런 거……."

그러자 아차 한 듯싶은 아저씨의 얼굴이 창백해진다. 그는 슬그머니 얼굴을 감싸듯 하며 나가버린다.

햐! 정말 웃기는 짜장면이다. 글쎄, 불시에 나도 모를 말을 하다니. 그날 나는 은근히 기다렸으나 그는 끝내 나타나질 않았다.

전에도 가끔 그래서 2학기 장학금을 9월 학기 시작하면 보내려 했는데, 학교에서 전화가 왔다. 지금이 등록 기간이라고 보내란다. 몇십 년 거래(?)하다 보니, 받는 쪽도 많이 닳았다. (웃음)

오후에 도서관에 들러야지 싶어 점심 한술 뜨고 가려니, 마침 한낮의 찜통이 어지간했다. 100년 만의 폭염이니 어쩌니 노인들 밖에 나가지 말라고 안전 유의 경보를 폰에 그리 짖어대는데 뭘 믿고 나왔는지 하마터면 길거리에 주저앉을 뻔했다.

나는 은행 문을 밀고 들어서자마자 의자에 털썩 주저앉으며,

"어이구우!······"

(죽겠네··· 갖다 먹으라 해도 못할 짓이구먼 주려고 이 고생이니 이 무슨 팔자람···.)

바로 오늘 문제의 본론을 정확히 토로하고 있었다. 정답은 이미 도출되었단 말이다.

자, 그러면 이제 정리해보자.

사람은 저 살고 싶은 대로 사는 것 같지만 꼭 그렇지만도 않다고 앞에 말했다. 그리고 무엇보다 사람은 누구나 무엇인가 일을 하지 않으면 안 된다는 걸 덧붙인다. 거듭 되풀이하건대 내가 그

것을 원하든 원치 않든, 내 뜻과도 무관하게 꼭 해야 할, 하게 되는 일이 있는 것이다. 흔히 쉬운 말로 곧잘 "먹고 살자니"라고 간단히 해치우지만, 꼭 그래서만도 아니라는 데 시방 문제가 되고 있다.

왜일까? 저 싫으면 말 일이지…. 그러나 아니다. 심지어 자고 싶을 때 자지도 못 하고 먹어야 할 때 먹지도 못 하면서까지 저마다의 의지와 상관없이, 아니 억지로라도 해내지 않으면 안 될 일이 얼마든지 있다는 말이다.

나는 젊은 날 나름대로 썩 열심히 공부했고 소설과 희곡을 쓰고 또 썼다. 그런데 다 어디로 날아가고 시방 고작 '믿음의 글' 서너 편이 남았을 따름이다. 그때, 연극성은 좀 부족하지만 문학성이 좋다고 칭찬받은 4막 5장짜리 장막극이 있었다. 제목은 〈이브에게 물어라〉. 이 땅의 모든 불가사의한 죄성의 문제는 이브 때문이니까. 그때 이미 내 인생의 연출자께선 내가 나아가야 할 방향성을 제시해주셨건만 나는 미처 깨닫지 못했었다. 그래서 얼마나 광야를 방황해야 했던가.

드디어 나는 이제 자못 담담하게 오늘도 내 몫에 태인 십자가를 달게 지고 기왕이면 충실히 살아지이다 기원한다. 어차피 피할 수도 도망칠 수도 없을 터. 그것이 바로 이른바 나의 그 '사명'일진대 말이다.

아! 이 '사명'이란 엄청난 중압감으로부터 벗어나는 보다 쉬운 길을 안내한다. 그렇다. 우리는 한낱 연기자, 무엇보다 각자의 이

연기를 목하 연출자께서 불꽃같은 눈으로 지켜보고 계신다는 것을 명심하는 것이다. 어차피 '사명'이란 바로 내가 가진 나의 달란트니까.

사람이 자기 달란트에 충실하는 것보다 더 아름다운 것은 세상에 다시없다.

끝까지 최선을

사람은 때로 자신을 만능 엔터테이너쯤으로 착각하는 경향이 있는 것 같다. 그럴 땐 활기차고 자신감에 넘친다. 대부분은 그런 몽상을 즐기다 말지만 어떤 축의 사람은 실제로 걸핏하면 일을 잘 벌이기 일쑤요 그러면 가족 중 누군가는 꼭 뒤따라 다니면서 설거지를 하게 마련이다.

"흥, 돈은 뭐 아무나 번다냐?"

누가 일을 새로 시작했다 하면 마치 준비된 덕담인 양 동네 어른들이 쉽게 내뱉던 말이었다.

"왜? 누구든 열심히 하면 돈을 벌지, 그럼?"

나는 어린 소견에도 그 사람을 불신하는 듯한 언사가 못마땅해 애써 그렇게 꼭 정정을 하곤 했었다. 물론 돈이야 벌면 버는 거지만 동네 어른들의 그 말이 무슨 뜻인지 온전히 이해하기까진 꽤나

긴 세월이 필요했다.

요즘 소위 전문가들의 증권 해설을 듣고 있노라면 문득 신기한 생각이 들기도 한다.

'야- 저렇게 많이 아는 사람은 돈 벌기 쉬워 좋겠네.'

그런데 그 방면에 좀 관심을 가지고 유심히 살피다 보니 또 새로운 사실을 알게 되었다. 세상에 뭘 제대로 아는 사람이 없다는 것이다. 그 사람들 열심히 그래프 찍으면서 침 튀기며 아는 소리 해쌌지만 가만 보니 오늘은 어쩌면 비가 오고 어쩌면 안 오겠다는, 딱 옛날 일기예보 식이었다. 비가 오면 그땐 자신 있게 "지금 비가 오고 있습니다"라고-. 누군 모르나?

증권에 성공하는 비결을 쓴 고명하신 교수님께서 책으로 번 큰돈을 자신이 직접 증권에 투자해서 몽땅 날렸다는 일화는 아는 사람은 다 알고 있는 사실이다.

사람이 돈을 벌어도 '무엇'으로 버느냐는 엄연히 몫몫이 분명하며 그 진리를 알기까지 사람들은 또 한참을 헤매야 한다. 남이 그걸 쉽게 벌었다고 해서 나도 하면 금세 그렇듯 쉽게 벌어지는 것도 아닐뿐더러 또 설사 덩달아 벌었다 하더라도 얼마든지 그것을 누리며 살지 못 할 수도 있는 것이다.

왜일까? 그것은 각자가 뭘 해서 먹고살아야 할 존재로 예정됐는지 보내신 이에게 물어야 한다. 수없는 시행착오를 거듭하면서라도 끝내 제 길을 찾는다면 그 사람은 진정 성공한 사람일 것이다. 내가 원한 대로, 내 머리로, 내 노력으로, 마이 웨이는 그렇게 일정표대로 가지는 길이 아니란 말이다.

어쩌다가 몇 번 교인들이 벌 떼처럼 모여드는 소문난 대교회에서 예배드린 적이 있다. 내가 그때마다 좀 의아스러웠던 것은, 아 아니 그래, 저 설교를 듣자고 그리 몰려든단 말이냐고 어리둥절했던 것이다. 목사님의 영성이 특출한 것도 아니며 그렇다고 지성이 대단한 것 같지도 않았다.

'인성이 좋은가? 정치를 잘하나?…'

그러다가 나는 피식 웃고 말았다. 별놈의 바보 같은 헛씨름을 하고 있는 자신이 우스워서였다. 그런데 아니나! 기어코 남편의 입에서 한 소리가 나오고 만다.

"도대체 이 사람들은 뭘 보고 이리 몰리지? 알다가도 모르겠네."

"당신이 성경 말씀을 알아들어야지."

나도 내내 같은 생각이었으면서 내 입에선 엉뚱한 말이 튀어나온 것이다.

"아무리 성경을 몰라도 그렇지, 설교를 잘하는지 못하는지는 나도 안다야. 이건 순 허영이야. 대교회에 다닌다는-."

또 시작이다. 나는 황급히,

"경제학 박사가 돈 젤 잘 벌어?"

교회 얘기만 나오면 한도 끝도 없이 꼬투리 잡고 물고 늘어지는 성미라 나는 무작정 남편 입을 막느라 되는대로 하는 말이었으나 성령께서 도우신 것이다.

"우리가 여기서 몇 번이나 예배드렸다고… 나름대로 이유가 있겠지. 또 세상 이치가 사람의 머리로 이해할 수 없는 게 어디 한두 가진가? 내 알기론… 성경에 그랬어요. 하나님께서 그 손에 재물 얻을 능을 주셨다고. 그걸 은사로 받은 사람이 돈을 더 잘 벌고 인권을 붙여주시면 사람이 더 따르고 그런 거야. 꼭 그 사람이 그만큼 인격이 훌륭하냐 아니냐완 별개 문제라구."

"아따 거 그 설교가 훨씬 낫네. 당신은 성경이 무엇이나 그렇게 딱 믿어져?"

"아니, 이치가 그렇잖어. 그럼 당신은 그 논리가 틀렸다고 생각돼요?"

"아니… 왜 그랬을까 더 생각해봐야지."

"건 무조건 하나님 맘이라니깐. 왜 당신에겐 재물 얻을 능을 안 주셨느냐고 따질 거야?"

"따져야지."

"그래서? 오야 맘이라면?"

"나, 예수 안 믿어."

"허이구, 에비야! 누가 뭐 무섭대? 형! 그래도 마치 지금은 믿는 것 같은 말투네. 여지껏 믿긴 믿은 거여?"

"하하…."

남편은 민망한 듯 웃어댔다.

행여 남편의 시비가 삼천포로 빠질까 봐 그냥 얼떨결에 쪼아댄 말이었지만 나는 지금 그때 내가 했던 말을 곱씹어본다.

사람이 잘 버느냐 못 버느냐는 물론, 뭘 해 먹고사느냐도 오야 마이라고?

아마 어떤 이는 나더러 빌빌한 운명론자라고 냉소할는지 모르지만, 그러나 운명론과 예정론은 얼핏 비슷해 보이지만 결코 같지 않다. 전자는 포기지만 후자는 기꺼이 순복하는 것이다. 왜냐하면 순복게 하신 이가 나를 사랑하시오매 전적으로 그분을 신뢰하기 때문이다.

누군가 말했다. 그분의 강요는 우리로 자유케 하기 위함이라고. 그래서 나는 감사함으로 순복하는 것이다.

내가 기도원에 있을 때의 일이다. 친구들은(믿는 친구들까지) 나더러 이해할 수 없다고 안타까워했다. 그렇게 기도원에서 기거하기는 아직 이르지 않으냐고. 알 만하다. 할 일이 없어지면 소일거리로, 곤고할 때 자기 위로로, 아쉬울 때 혹시나 하고 믿는 게 신앙생활이라는 인식이 거의 지배적이다. 나는 아직 내가 여러 면에서 조금은 여유가 있을 때 그렇게 살 수 있도록 인도하셨음을 만 번 감사하며 채만식과는 다른 각도에서 레디메이드(ready-made) 인생을 생각해본다. 그는 떠밀려 사는 양산(量産)된 기성품 지식인을 모델로 했지만, 피조물의 의지 밖인 창조주의 예정에 따른 레디메이드 인생을 말이다.

더 정확히 말하자면, 또 혹자는 패자의 자기 합리화라고 폄하

할는지 모르지만 아니다! 나는 분명하고 자신 있게 말할 수 있다. 나는 그 소위 성공자라는 사람들에게서 특별히 취할 것이 있는 것 같지도 않으려니와 지금 나의 이 길은 R. 프로스트의 아름다운 단풍잎 우거진 비슷한 두 갈래 길에서 택한 한 길이 아니란 것이다.

나는 때로 많은 사람들이 실패(바보)라고 여기는 쪽을 확실한 나의 의지로 선택하곤 했었다. 실패란 몰라서 또는 역부족으로 당한 것을 이름이지 알면서 자기 의지로 거부한 것이 어찌 실패이겠는가.

돌이켜보면 나의 긴 여정은 실로 남모르는 고독과 쓰라린 아픔의 연속이었지만 그러나 무한하신 은혜의 터널이었다. 대부분의 사람들은 만일 자기에게 다시 기회가 주어진다면? 이번에야말로 조심하여 결코 같은 어리석음을 되풀이하지 않으리라 두 주먹을 불끈 쥔다. 그러나 나는 지금의 나 이대로라면 아마 별수 없이 또 같은 길을 되풀이할 거란 느낌이다. 왜냐하면 비록 내게 주어진 환경은 내가 선호하는 바는 아니었더라도 그때마다 나의 선택은 그리 틀리지 않았었다고 믿고 있으니까. 물론 나는 프로스트의 그 〈가지 않은 길〉에 대한 아쉬움도 연연함도 없다.

차제에 이 땅의 실버 크리스천들에게 한마디 하고 싶은 말이 있다. 아마도 이 점은 앞으로 교회가 고민해야 할 문제겠지만, 편리한 전원주택이나 실버타운보다 믿는 이는 늙을수록 믿음의 공동체 생활이 절대적으로 필요하다는 사실을 말이다. 주일 예배만 드릴 수 있는 여건이면 족하다는 발상엔 나는 이의 있다.

　　내게로 와서 쉬어라 너 곤한 이들아……

　어느새 입에 붙은 찬송이 나도 모르게 새어 나온다. 아, 이 얼마나 풍요로운 복된 노년인가. 사랑하는 사람들과 함께라면 더욱 금상첨화일 것이다.

　　새벽 별이신 주님을 나 바라보면서

　　순례길 끝날 때까지 빛 따라가리라

　　순례길 끝날 때까지……

　　순례길 끝날 때까지…… 빛 따라가리라……

책을 접으며

칠순 기념으로 두 번째 책을 출간했었다. 시·콩트·수필·오피
니언 등으로 엮어졌었다. 나는 그것을 볼 때마다 늘 마음이 찜찜
했다. 단문과 장문이 서로 조화를 이루는 게 아니라 오히려 왠지
서로를 흠집 내는 것 같아서다.

그 후 3집을 출간하고 나는 바로 2집 증보판에 들어갔다.

그런데 이번엔 기성판과 신작이 리듬이 안 맞는 것 같아 당황했
다. 차라리 신·구로 챕터를 따로 하면 좋겠지만 또 그 내용이 불
협화음을 냈다. 고민 끝에 어차피 다 충족이 안 된다면 그냥 문장
의 리듬보다 테마의 흐름을 타기로 했다.

부족한 글을 늘 기대하고 기다려주시는 고마운 분들께 심심한
감사를 드린다. 미처 다 드러내지 못한 미숙한 표현 뒤에 숨은 작
의(作意)를 부디 성령께서 독자들 가슴에 일깨워주시길 기원할 따
름이다.

내가 이 길을 가는 것은

지은이 김유심
펴낸곳 주식회사 홍성사
펴낸이 정애주
국효숙 김의연 김준표 박혜란 손상범
송민규 오민택 임영주 차길환 허은

2022. 3. 23. 초판 1쇄 인쇄   2022. 3. 30. 초판 1쇄 발행

등록번호 제1-499호 1977. 8. 1.
주소 (04084) 서울시 마포구 양화진4길 3   전화 02) 333-5161   팩스 02) 333-5165
홈페이지 hongsungsa.com   이메일 hsbooks@hongsungsa.com   페이스북 facebook.com/hongsungsa
양화진책방 02) 333-5161

ISBN 978-89-365-1522-5 (03230)